A escola pública
aposta no pensamento

Coleção Ensino de Filosofia

Walter Omar Kohan
Beatriz Fabiana Olarieta
(Organizadores)

A escola pública aposta no pensamento

1ª edição
1ª reimpressão

autêntica

Copyright © 2012 Os organizadores
Copyright © 2012 Autêntica Editora

Todos os direitos reservados pela Autêntica Editora. Nenhuma parte desta publicação poderá ser reproduzida, seja por meios mecânicos, eletrônicos, seja via cópia xerográfica, sem a autorização prévia da Editora.

COORDENADOR DA COLEÇÃO ENSINO DE FILOSOFIA
Walter Omar Kohan

EDITORA RESPONSÁVEL
Rejane Dias

EDITORA ASSISTENTE
Cecília Martins

CAPA
Alberto Bittencourt
Sobre *Los juguetes de los sueños*, 2007. Para: El bazar de los juguetes, de Yiso, Isol. Editorial Además, Buenos Aires, 2009.

DIAGRAMAÇÃO
Clério Martins Ramos

REVISÃO
Ana Carolina Lins

> **Dados Internacionais de Catalogação na Publicação (CIP)**
> **(Câmara Brasileira do Livro, SP, Brasil)**
>
> A escola pública aposta no pensamento / Walter Omar Kohan e Beatriz Fabiana Olarieta (organizadores). – 1. ed.; 1. reimp. – Belo Horizonte : Autêntica Editora, 2015. – (Coleção Ensino de Filosofia; 4).
>
> Vários autores.
> ISBN 978-85-65381-08-6
>
> 1. Crianças e filosofia 2. Escolas públicas - Brasil 3. Filosofia - Estudo e ensino I. Kohan, Walter Omar. II. Olarieta, Beatriz Fabiana. III. Série.
>
> 12-04131   CDD-107.1281
>
> Índices para catálogo sistemático:
> 1. Brasil : Filosofia na escola pública :
> Estudo e ensino 107.1281

Belo Horizonte
Rua Aimorés, 981, 8º andar . Funcionários
30140-071 . Belo Horizonte . MG
Tel.: (55 31) 3214 5700

Televendas: 0800 283 13 22
www.grupoautentica.com.br

São Paulo
Av. Paulista, 2.073, Conjunto Nacional,
Horsa I . 23º andar, Conj. 2301 . Cerqueira
César . 01311-940 . São Paulo . SP
Tel.: (55 11) 3034 4468

À vida que,
como o David,
se abre caminho.

Sumário

APRESENTAÇÃO..9

CAPÍTULO I
PALAVRAS, PASSOS E NOMES PARA UM PROJETO
Walter Omar Kohan...13

CAPÍTULO II
FILOSOFIA COM CRIANÇAS: CAMINHO PARA O PENSAR TRANSFORMADOR NA ESCOLA?
Vanise Dutra Gomes..51

CAPÍTULO III
DAS COISAS MARAVILHOSAS: O CUIDADO DO TEMPO NA PRÁTICA DE FILOSOFAR NA ESCOLA
Beatriz Fabiana Olarieta..77

CAPÍTULO IV
PERCURSOS DA FILOSOFIA COM CRIANÇAS NA ESCOLA MUNICIPAL PEDRO RODRIGUES DO CARMO
Adelaíde Léo, José Ricardo Santiago...95

CAPÍTULO V
EXERCÍCIOS PARA TORNAR O MUNDO ESTRANHO
Jason Thomas Wozniak..117

Capítulo VI

A filosofia é morrer e nascer de novo
Entrevista de Beatriz Fabiana Olarieta com Mirella Fant e Solange Noronha..141

Capítulo VII

Um encontro na conversa; uma conversa no encontro
Diálogo de Corina Salas com Walter Omar Kohan....................157

Capítulo VIII

Repensando, com outras vozes, os sentidos de filosofar
Walter Omar Kohan, Beatriz Fabiana Olarieta, Jason Thomas Wozniak.167
Depoimentos de:
Giuseppe Ferraro..181
Juliana Merçon...201
Marcos Antônio Lorieri...211
Rita Pedro..219
Laura Agratti...229

Capítulo IX

Em Caxias, a filosofia "des-encaixa"?
Filosofar, experiência do pensamento e criação
Danilo Augusto Santos Melo...241

Referências..251

Apresentação

Só estão em condições de contar uma história os viajantes – aqueles que vêm de terras distantes e trazem saberes de longe – e aqueles que nunca saíram de seu país e que, por conhecerem suas histórias e tradições, podem contar as histórias do lugar, essas histórias afastadas no tempo, diz Walter Benjamin em seu célebre texto "O narrador". O enriquecimento da experiência através da narração se faz a partir desse duplo movimento de trazer através da distância e recolher através do tempo. Trazer e recolher, narrando. De alguma forma, este livro demandou dos que aqui participamos esses dois gestos: o do marinheiro que se afasta de sua paisagem habitual e se lança ao mar em busca de novas terras, e o do camponês que fica no lugar de sempre acompanhando os ciclos da natureza, e pode contar aos que chegam as mudanças de uma paisagem que não permanece nunca igual.

Narramos aqui, desde diferentes lugares, a partir de diferentes vozes, a trajetória do projeto de filosofia com crianças e adultos "Em Caxias, a filosofia en-caixa?" que acontece no município de Duque de Caxias no estado do Rio de Janeiro. Mais que de um projeto, trata-se de uma experiência compartilhada ao longo de quatro anos que nos levou a viajar a outras terras para contá-la, que trouxe viajantes curiosos por conhecê-la e viajantes que chegaram para contar suas próprias e distantes histórias. Mas essa experiência também exigiu paciência de camponês para acompanhar passo a passo um percurso que foi deixando seus rastros e criando seus sentidos. Sentidos que paramos para pensar na escrita presente, depois que certo tempo transcorreu e nos permite dizer alguma coisa sobre nós mesmos.

Começamos com um artigo de Walter Omar Kohan que relata a história de nosso projeto e traça algumas coordenadas que permitem imaginar o rumo, o modo e os sentidos do trabalho que nele se ancoram. Ali se oferecem palavras, passos, nomes que atravessam nossa prática.

Em seguida, Vanise Dutra, uma das professoras da Escola Municipal Joaquim da Silva Peçanha, que participa do projeto desde seus inícios, conta o impacto na sua prática pedagógica e na de seus colegas o fato de começar a filosofar com seus alunos na escola.

O seguinte texto, de Beatriz Fabiana Olarieta, se pergunta pela insistência de uma turma em continuar tendo o que as crianças chamavam de "aulas de filosofia". A partir de uma conversa com elas, reflete sobre os sentidos que o filosofar na escola tem para elas e sobre as particularidades e a força desse tempo compartilhado.

Passamos, então, para a Escola Municipal Pedro Rodrigues do Carmo. Ali os professores Adelaíde Léo e José Ricardo Santiago criaram o que deram por chamar de "Cardápio Filosófico". Eles próprios relatam o surgimento da ideia e as inquietações que os levaram a cunhar e sustentar esse espaço.

O projeto não só envolveu crianças de diferentes turmas senão também os adultos da EJA. Jason Thomas Wozniak acompanhou esse trabalho e reflete a respeito. Para ele, para as professoras e para os estudantes adultos, a filosofia transformou-se em um exercício de estranhamento do mundo que guarda uma sugestiva proximidade com a experiência estética.

Apresentamos depois duas entrevistas: uma realizada por Beatriz Fabiana Olarieta com as diretoras das escolas onde se pratica o projeto; e outra sobre o significado e o sentido de reunir a filosofia e a infância, realizada por Corina Salas com Walter Kohan.

O sentido de uma experiência é algo extremamente complexo de explorar. Por isso, trazemos vozes de pessoas que, desde diferentes lugares do mundo, e com uma rica trajetória, chegaram ao Rio de Janeiro em 2011 para nos ajudar a repensar nosso trabalho. O seguinte capítulo, polifônico, expressa algumas das posturas apresentadas em um Encontro na Ilha Grande que permitiu enriquecer a nossa experiência com relatos viageiros.

Finalmente, Danilo Melo, que faz pesquisa de pós-doutorado no Núcleo de Estudos Filosóficos da Infância, compartilha suas reflexões e impressões sobre a proposta e a prática do projeto.

Para abrir cada capítulo trazemos textos escritos por estudantes participantes do projeto. São escritos que narram sua vivência da filosofia e do filosofar. As referências bibliográficas estão reunidas ao final do livro.

A forma final deste volume reconhece a cuidadosa tradução e as valiosas sugestões de Ingrid Muller Xavier e a atenta leitura de Adelaíde Léo. Agradecemos à FAPERJ, que fez possível o crescimento do projeto e a presente publicação, e também às pessoas que generosamente abriram as portas das escolas e se aventuraram conosco na experiência do filosofar.

Isol e a Editora *Además* permitiram que a capa vincule sonhos, brinquedos e infância, com uma imagem que permite nela viajar e também convida a ficar. Aos leitores, desejamos boas viagens, carregadas da alegria e da intensidade que respiramos nos encontros do projeto.

Walter Omar Kohan e Beatriz Fabiana Olarieta

Capítulo 1

> *Filosofia é uma arte, uma solução, perguntas entre perguntas, respostas que marcam os momentos, figuras que nos deixam pensando... e conforme o tempo, eu aprendi que qualquer coisa que eu faça, que eu leia, ou escreva, há por dentro uma filosofia; aprendi que todas as palavras têm um significado e que cada pessoa vê diferenças grandes na palavra. Também aprendi que vivemos a filosofia dia a dia.*

Lawany Vitória Brandão Cezário

Palavras, passos e nomes para um projeto

Walter Omar Kohan[1]

Não há história, mas histórias. A história pode ser contada de muitas maneiras. Um projeto de trabalho também. Ele é muitos projetos. O presente texto deseja oferecer, na primeira parte, uma narrativa do percurso, desde sua criação até o presente, do projeto "Em Caxias, a filosofia en-caixa?". A segunda parte sugere passos para filosofar afirmados pelo projeto. A terceira expõe nomes, dez impulsos e vozes que aqui ressoam, influenciando fortemente nosso trabalho, como uma forma de abrir um diálogo sobre o sentido do que fazemos.

Uma história em caminho

As primeiras ações para começar o projeto se deram em julho e agosto de 2007, quando diversos membros da equipe do Núcleo de Estudos Filosóficos da Infância (NEFI) visitamos escolas públicas do estado para conhecer suas efetivas possibilidades de realização. A Escola Municipal Joaquim da Silva Peçanha pareceu-nos um espaço adequado. Tratava-se de uma escola de uma comunidade extremamente carente, onde o trabalho encontraria sentidos éticos e políticos específicos, atraentes para nós; dispunha de um quadro de professores interessados pela filosofia e abertos a novas práticas de formação; a direção da escola mostrou um empenho singular no trabalho de filosofia.

---

[1] Professor titular de Filosofia da Educação da UERJ e coordenador do Projeto "Em Caxias a filosofia en-caixa?". E-mail: wokohan@gmail.com

Iniciamos o projeto, então, com uma dúzia de profissionais da escola, entre professores regentes, orientadores e a própria diretora. Fomos contemplados no edital 10/2007 de Apoio à Melhoria da Escola Pública da FAPERJ e, com isso, recebemos recursos para comprar equipamentos de informática, câmaras fotográficas, filmadora e materiais de papelaria; acondicionar, pintar, mobiliar e equipar uma sala específica da escola (depois chamada de "sala do pensamento"). Também montamos uma biblioteca especializada com cerca de 80 livros para crianças e professores. E ganhamos bolsas para que, durante um ano, duas professoras da escola pudessem dedicar mais tempo ao projeto.

Realizamos três cursos intensivos de formação com os profissionais da escola: dois, mais curtos, num centro cultural, em Duque de Caxias, próximo à escola; outro, no *campus* CEADS da UERJ em Dois Rios, na Ilha Grande. Iniciamos seminários teórico-metodológicos quinzenais na UERJ, descontinuados porque as professoras não podiam comparecer com regularidade. Durante o primeiro ano, membros do NEFI visitaram a escola semanalmente, nos quatro turnos de funcionamento, acompanhando o planejamento e a realização das experiências filosóficas, a cargo das próprias professoras.

Em agosto de 2008, organizamos, na UERJ, o IV Colóquio Franco-Brasileiro de Filosofia da Educação, e nele membros do grupo apresentaram uma oficina e uma comunicação para participantes do Brasil e outros países, além de experiências de filosofia com crianças e professores na escola, que então recebeu visitantes curiosos em conhecer essa prática.

Em fevereiro de 2009 fomos contatados pela Secretaria de Educação de Duque de Caxias para ampliar a experiência a outras escolas. Fizemos algumas reuniões com a equipe da Secretaria, apresentamos o projeto em duas oficinas na Escola Municipal Professor Walter Russo de Souza, com a participação de, aproximadamente, 80 professores de quatro escolas do município: Escola Municipal Pedro Rodrigues do Carmo; Escola Municipal Jardim Gramacho; Escola Municipal Joaquim da Silva Peçanha; Creche José Carlos Teodoro. Embora algumas poucas experiências tenham sido realizadas em Jardim Gramacho, o projeto de fato concentrou-se nas escolas Pedro Rodrigues e Joaquim da Silva.

Em abril daquele ano oferecemos uma nova experiência de formação no *campus* da UERJ na Ilha Grande. No final de 2009, o projeto foi contemplado, uma vez mais, pelo Edital de Apoio à Melhoria da Escola Pública da FAPERJ (14/2009). Com essa verba, foi construída, na Escola Pedro Rodrigues do Carmo, em Duque de Caxias, uma sala do pensamento, como um espaço escolar diferenciado, que permite diversas atividades e formas de ocupação distintas.

O ano de 2010 foi propício para a consolidação da formação de professores, incorporação de novas turmas, bem como para a participação das escolas – estudantes e professores – no V Colóquio Internacional de Filosofia da Educação, na UERJ. Também nesse ano, o projeto organizou duas Jornadas de Filosofia em Caxias, uma em cada escola. A primeira, na Joaquim da Silva Peçanha, com palestras e experiências com crianças e adultos e a participação de mais de 250 pessoas da comunidade escolar, e a segunda jornada, realizada na Escola Pedro Rodrigues do Carmo, com público igualmente numeroso e ampla participação da comunidade escolar.

2011 foi um ano de fortalecimento do trabalho já iniciado. Adelaíde Léo e Vanise Dutra, da Secretaria de Educação de Caxias, realizaram o papel de coordenação do trabalho nas escolas. No final do ano, fomos novamente contemplados pelo Edital de Apoio à Melhoria da Escola Pública da FAPERJ, com um projeto a ser implantado em 2012. Uma nova Jornada do Projeto teve lugar no Parque Municipal da Taquara, em Duque de Caxias, e ali mesmo foi ministrado um novo curso de formação para novos profissionais interessados. O programa

"Salto para o Futuro" da TV Escola, do Ministério da Educação (MEC) dedicou um programa da série "Filosofia: Educação e Ensino" ao tema "Filosofia e Infância", com ampla participação dos professores e alunos do projeto.

Além de ter sido contemplado por três editais da FAPERJ e dado lugar a cinco cursos intensivos de formação, uma das professoras, Vanise Dutra Gomes, defendeu a dissertação de mestrado no Programa de Pós-Graduação em Educação da UERJ em março de 2011, um trabalho de pesquisa sobre sua própria prática como professora no projeto. Atualmente mais dois colegas, José Ricardo Santiago Jr., da Escola Pedro Rodrigues, e Edna Olímpia da Cunha, da Escola Joaquim da Silva Peçanha, desenvolvem pesquisas de Mestrado, diretamente vinculadas ao seu trabalho no projeto, no mesmo programa. Paralelamente, o projeto foi apresentado em diversos congressos tanto nacionais quanto internacionais e recebeu regularmente visitas de pesquisadores de diversos países, em particular da América Latina.

O projeto tem um site na internet (<http://www.filoeduc.org/caxias>) que permite tanto a divulgação quanto um blog (<http://filosofiacaxias.blogspot.com/>) como reforço para as atividades de formação dos seus integrantes, professores e estudantes. Em 2011, foi também produzido um DVD com imagens de atividades com crianças e outros atores do projeto, depoimentos de professores da escola e da UERJ.

Para concluir esta parte, a história de um projeto de extensão é também a oportunidade de pôr de manifesto a intimidade do laço entre ensino, pesquisa e extensão. Ensinar – que é um modo de estender – supõe e provoca o pesquisar. Pesquisar o quê? Sendo a nossa uma universidade pública, seu compromisso com a escola pública e com o público em geral é intrínseco e diz respeito inclusive à revisão do "lugar menor" atribuído à extensão, tida por simples mensageira, como se ela fosse apenas a sacola de transmissão de um saber produzido na universidade, pelos pesquisadores, que então, "generosamente" "repassariam" seus resultados à comunidade. A extensão está associada, ao contrário, a um trabalho de ensino e pesquisa, é uma das forças enraizadoras da pesquisa, igualmente necessária ao trabalho universitário, em que os participantes de dentro e de fora da universidade pensam juntos os problemas que a própria experiência da filosofia lhes coloca e dissolvem muros. Para parafrasear Kant, a extensão sem pesquisa é vazia e a pesquisa sem extensão é cega. De modo que "Em Caxias, a filosofia en-caixa?" é uma prática que mostra o caráter indissociável da extensão, a pesquisa e o ensino. Ela potencia, através de experiências de pensamento filosófico, a dimensão pesquisadora da extensão, a projeção extensionista da pesquisa no mundo das relações de ensino e aprendizagem que atravessam a instituição escolar.

Passos para andar o filosofar[2]

O texto que segue é uma revisão de outro, incluído no "Caderno de Materiais" do projeto "Em Caxias a Filosofia en-caixa?". Trata-se de subsídios para a organização e prática filosófica por parte das professoras das escolas participantes.

I. Como compor uma experiência de filosofia?

Falamos de "composição" de uma experiência, e não de "estrutura", porque queremos aproximar a proposta metodológica do trabalho que fazem os artistas. Os materiais, as técnicas, estão a serviço do músico ou do pintor, mas o resultado do que eles fazem ultrapassa a técnica, os materiais e os instrumentos. Sugerimos esses materiais não como uma receita, mas como uma matéria plástica para sobre ela começar a compor nossa própria obra. Basicamente, propomos os seguintes *momentos*:

---

[2] Agradeço a Beatriz Fabiana Olarieta, Jason Thomas Wozniak e Ingrid Müller Xavier pelas contribuições a esta parte do texto.

a) Uma disposição inicial

Uma atividade inicial pode facilitar ou enriquecer a relação das crianças com os textos e a discussão filosófica. Pode propiciar as condições para uma participação individual ou em grupo numa experiência; gerar uma disposição emocional e intelectual favorável ao trabalho coletivo; afiançar algum aspecto social, psicológico ou pedagógico; propor uma primeira experiência afetivo-reflexiva com ideias a serem trabalhadas. Pode, por fim, exercitar alguma forma de pensamento.

b) Vivência (leitura) de um texto

Só pensamos quando algo, como um texto, força o pensamento. Os textos podem ser escritos, narrativos ou poéticos, também imagéticos, dramatizações corporais, audiovisuais ou informáticos. Podem ajudar a exercitar diversas formas de expressão e experimentação, de leitura participativa, dramática etc. Os textos serão sensíveis à capacidade dos participantes, mas também potenciarão essa capacidade. Não serão dogmáticos, moralizantes ou pobremente escritos. Terão beleza, enigma, força.

c) Problematização do texto. Levantamento de temas/questões

É preciso que crianças e adultos levantem questões provocadas pelo texto. Podem trabalhar de forma individual ou em grupo, alternadamente. Trata-se de encontrar problemas que afetem os participantes para pensarem juntos, e as perguntas podem dar lugar a esses problemas. As perguntas são um início para o pensar. Elas traçam caminhos. Importa que os participantes perguntem e se perguntem como modo de abrir esses novos espaços no pensamento. Não há perguntas boas e ruins, há uma relação com o perguntar que pode propiciar ou limitar o caminho no pensar. Trata-se de criar as condições para um perguntar tão intenso, potente e alegre quanto possível.

d) Escolha de temas/questões

Um texto provoca perguntas. Se forem muitas perguntas pode-se partir de: I) uma delas determinada por sorteio; II) uma pergunta escolhida por uma criança que não fez pergunta alguma; III) um critério lógico que estabeleça uma sequência entre as perguntas; IV) o estabelecimento de relações entre as perguntas; V) qualquer outro critério. Neste sentido, o que interessa, mais que achar relações lógicas e mecânicas entre as perguntas, é sua exploração em grupo, a partir de certa degustação das perguntas que surgiram. Busca-se focar o problema ao qual se dirigem, detectar as perspectivas que elas afirmam e aprofundar as questões que inquietam ao grupo.

e) Diálogo

Espera-se uma prática dialogada em que os participantes troquem ideias e argumentos, levando em consideração o exame dos seus pressupostos e consequências. A discussão filosófica é a terra dos "por quês" e dos "para quês". A docente não é o centro pelo qual passam todas as questões. Ela propicia uma participação ampla e compartilhada, cuida que a discussão não perca o foco, gera as condições para o diálogo colaborativo. Nessa instância ela tem especial cuidado em considerar que o que está em jogo não são só as ideias, mas também a maneira de tratá-las. O conteúdo do que se discute está estreitamente ligado ao modo como se discute. Importa a maneira em que a palavra circula, o lugar que o grupo e cada um cria para ouvir o que os outros têm para dizer, a possibilidade de que os pensamentos não sejam acompanhados apenas por palavras, mas também por silêncios, gestos ou outras linguagens.

f) Para continuar pensando

Pode-se avaliar, destacar ou recuperar alguma dimensão da experiência (o que se avalia, destaca ou recupera é a experiência, e não os participantes) individual ou coletivamente;

abrir novas orientações para o pensamento; recriar conceitos apresentando-os diferentemente etc.

Esses momentos buscam favorecer a vivência do pensar e a participação ativa. A professora pode prestar especial atenção aos seguintes aspectos da vivência do filosofar:

- Criação de um ambiente agradável, um clima gostoso e estimulante que inspire a confiança dos participantes e a vontade de fazer parte desta experiência;

- Integração da dimensão afetiva e intelectual dos participantes;

- Postura filosófica que leve mais ao questionamento do que à certeza.

II. Alguns gestos para a prática filosófica com crianças

1. Procure fazer com que seus estudantes se escutem e conversem entre eles. Não é necessário providenciar ou comentar todas as respostas. Considere se está intervindo para facilitar o diálogo com perguntas de aprofundamento; destacando coincidências ou diferenças entre as perspectivas de cada um; fazendo um breve resumo dos tópicos em discussão e das posturas oferecidas; pedindo esclarecimentos quando as falas dos estudantes são um pouco confusas; motivando os estudantes a também realizarem esta tarefa.

2. Tente evitar os julgamentos moralizantes. Quando quiser dizer algo, coloque-o como pergunta aberta e curta. Procure não falar muito e identificar os pressupostos das falas das crianças para que sejam discutidos, em vez de se colocar enfaticamente sobre o tema.

3. Pergunte "por quê?". Insista com eles quando as respostas não forem muito fortes. Insista com os porquês. Dessa maneira ajudará as crianças a oferecer razões mais sólidas e a perceber a importância de questionar suas afirmações.

4. Faça perguntas que permitam explorar o que se segue das posturas das crianças. Não bombardeie as crianças com muitas perguntas apenas para interrogá-las, mas explore a fundo cada pergunta. Seja o mais precisa possível e confirme com as crianças que suas perguntas são entendidas.

5. Não se incomode com o silêncio. O importante é participar, nem sempre falar. Cuide que seus estudantes estejam atentos, qualquer que seja a maneira deles de atender. Pergunte-se se eles estão atentos e procure compreender as diversas formas de atenção.

6. Promova o diálogo entre as crianças, que elas considerem as colocações dos colegas e defendam com argumentos suas coincidências ou diferenças.

7. Não pretenda chegar à resposta correta, mas também evite dizer às crianças que as coisas não têm uma resposta correta. Às vezes é mais fecundo não saber do que saber.

8. Busque dificultar os largos monólogos e as conversas dispersas, onde tudo é possível e nada se aprofunda.

9. Se o grupo precisar de regras, ele mesmo pode produzi-las. Nesse caso facilite o processo, não para propor regras, mas para ajudar que estas sejam formuladas com precisão. Mas também não imponha a necessidade de regras se o grupo não precisar explicitá-las.

10. Considere os seguintes exemplos de *perguntas para aprofundar uma discussão filosófica*:

a. Perguntas que pedem esclarecimentos, explicitações ou definições:

- O que você quer dizer exatamente quando diz...?
- Você pode explicar de outra forma (ou em outras palavras) o que acabou de dizer?
- Alguém é capaz de esclarecer o que foi dito por...?
- Você poderia dar um exemplo do que acabou de dizer?
- Você está querendo dizer que...?
- Você não está dizendo o mesmo que..., de maneira diferente?

- Qual a diferença entre sua postura e da...?
- O que você diz agora acrescenta algo ao que já tinha sido dito antes? O quê?

b. Perguntas que pedem opiniões diferentes, alternativas, contraexemplos:
- Alguém tem um ponto de vista diferente?
- Alguém poderia dar um contraexemplo?
- Alguém pode pensar numa alternativa?
- Todos concordam com a colocação do colega (sim ou não)? Por quê?
- Em outro lugar, por exemplo, se você fosse..., ainda pensaria assim?

c. Perguntas que contestam a opinião ou a sua coerência:
- Seu pensamento é consistente levando em conta o afirmado anteriormente?
- Continuaria pensando assim mesmo levando em conta que...?
- Não é incoerente dizer ao mesmo tempo que... e...?
- Como você responderia a alguém que em relação à sua postura dissesse que...?

d. Perguntas que pedem razões ou pressupostos de uma afirmação:
- O que você está pressupondo quando faz essa afirmação?
- Que razões fazem você afirmar...?
- Você tem uma razão forte para pensar assim? Qual?
- Em que você se apoia para afirmar isto?
- Por que você pensa assim?
- Como você sabe que...?
- O que deveria ser verdadeiro para que sua afirmação (ou pergunta) tenha sentido?
- Quais os valores que fundamentam o que você diz?

e. Perguntas para explorar consequências:
- O que podemos concluir do que você disse?
- Quais são as consequências da sua opinião?
- Se o que você está colocando é verdadeiro, então seria também verdadeiro que...?
- O que aconteceria se todas as pessoas (do seu bairro, da sua cidade, do seu país, do mundo) pensassem como você?

f. Perguntas que estabelecem relações:
- Quais são as diferenças e as semelhanças entre o que disseram... e...?
- Quais são as diferenças e semelhanças entre o que você diz agora e o que tinha dito antes?
- Quais são as possíveis relações entre...?
- Quais são as características fundamentais do que você está dizendo?

III. Gestos a evitar numa experiência de filosofia

1. Dar aula. Perguntar para avaliar o que um estudante sabe. Responder uma pergunta desde um lugar de certeza.

2. Que algumas crianças estejam fora da discussão ou conversem entre si e não com o grupo todo. Quando uma criança fala, os outros a escutam.

3. Que uns poucos monopolizem a discussão. Trate de envolver todos, o mais possível. Ao mesmo tempo, não pressuponha que quem não fala não está participando.

4. Muitos comentários irrelevantes ou impertinentes para que a discussão não se torne troca de anedotas ou opiniões vazias. A discussão não pode virar uma coleção de exemplos. Pergunte em que sentido os exemplos e anedotas ajudam no avanço da discussão.

5. Mostrar que não concorda com a postura da alguma criança, porque pode parecer que acredita ter um conjunto de respostas corretas e espera que as crianças cheguem a elas. Em vez de rejeitar uma colocação, faça perguntas sobre ela.

6. Muitas interrupções para que as discussões interessantes tenham continuidade.

7. Situações que não favoreçam uma investigação cooperativa e intensa, sem pelo menos parar para refletir sobre elas. Por exemplo, quando as crianças falam ou se distraem demais, brigam entre elas, desmoralizam um colega e mexem com a sua autoestima, ou fazem continuamente "gracinhas" que enfraquecem a discussão, pergunte-lhes em que medida estão contribuindo para o coletivo e, se for necessário, chame-os para problematizar o sentido do que está acontecendo.

8. Que a aula de filosofia vire terapia de grupo. Certamente, as discussões podem ter efeitos terapêuticos, mas a filosofia não é psicologia grupal. O sentido das discussões não é resolver problemas pessoais, mas ajudar a pensar com profundidade a realidade compartilhada.

IV. Elementos para considerar nossa tarefa

Se estivermos interessados em avaliar nossa tarefa como propiciadores de experiências de filosofia, talvez as perguntas seguintes nos ajudem. Elas buscam nos fazer pensar a respeito de como estamos dispostos em relação às questões e aos temas, aos estudantes e ao próprio processo investigativo.

a. Disposição *com relação às questões e aos temas investigados*

1. Expressamos espanto, curiosidade e envolvimento na discussão, ou respondemos mecanicamente às colocações dos estudantes?

2. Mostramos interesse autêntico por entender as ideias e questões que estão sendo debatidas, expressando honestidade e abertura intelectual?

3. O nosso pensamento foi estimulado pela investigação?

4. Pensamos o mesmo que pensávamos sobre os temas investigados ou mudamos de posição?

5. Novas questões surgiram? Transformaram-se algumas das perguntas que tínhamos?

6. Aparecemos em sala de aula como a autoridade, como alguém que tem as "respostas corretas" sobre os assuntos em discussão?

b. Disposição *com relação aos estudantes*

1. Ajudamos a expressar os pontos de vista dos estudantes em vez de oferecer os nossos sem ser solicitados ou quando os estudantes são reticentes a participar?

2. Evitamos manipular a situação para que se imponha um ponto de vista?

3. Construímos uma atmosfera onde cada estudante sente confiança e valor no seu pensamento sabendo que vai ser ouvido atentamente e que seus pontos de vista serão seriamente considerados?

4. Promovemos o diálogo entre os estudantes mais que o diálogo estudante-professora?

5. Trabalhamos na construção de relações de cooperação na pesquisa?

6. Levamos a sério os pontos de vista dos estudantes, dando a cada um a oportunidade de ser ouvido, entendido e respondido construtivamente?

7. Procuramos envolver a maior quantidade de estudantes em cada discussão?

8. Damos a cada estudante tempo adequado para desenvolver seu pensamento? Ou não nos importamos com o tempo e cada um fala quanto quiser?

9. Conferimos se os estudantes menos atuantes estão seguindo o diálogo e os animamos a entrar nele?

10. Ajudamos os estudantes a relacionar as ideias em discussão com sua própria experiência e com outras disciplinas para estimular a conexão entre elas?

c. Disposição *com relação à própria investigação*

1. Buscamos levar o diálogo a um nível mais conceitual, filosófico, acerca de princípios, questões ou valores pressupostos?

2. Tentamos concretizar a investigação quando ela corre o risco de tornar-se abstrata demais e não há clareza sobre o que se está discutindo? Fazemos isso através de exemplos e aplicações concretas?

3. Trabalhamos para que o foco das investigações não seja as opiniões particulares, mas a exploração de sentido, implicações, razões e pressupostos implícitos no que se diz?

4. Ajudamos os estudantes a evitar a ideia de que existem respostas predeterminadas nas investigações filosóficas que deveriam tentar encontrar?

5. Desenvolvemos a confiança dos estudantes de que pode existir crescimento nas investigações filosóficas?

6. Contribuímos para que os estudantes esclareçam e desdobrem o que dizem?

7. Ajudamos a conectar e relacionar as ideias dos estudantes sugerindo, por exemplo, linhas de convergência ou divergência e ajudando-lhes a pensar sobre o que sustenta tais convergências e divergências?

8. Estimulamos os estudantes a explorar empaticamente as posições dos outros com as quais não concordam?

9. Assinalamos possíveis contradições, destacando em outros casos a consistência?

10. Permitimos, no final dos encontros, que os estudantes percebam o caminho andado, sem fechar futuras investigações na mesma questão?

V. Sugestões para os que acompanham as experiências de filosofia

As perguntas seguintes são colocadas para os que acompanham o trabalho das professoras na sala de aula, com elas planejando, realizando e avaliando as experiências de filosofia, sejam eles estudantes da universidade ou as próprias professoras na função de coordenadores na escola.

1. Antes de me encontrar com as professoras, tenho preparado o material que trabalharei com eles?
2. Estou auxiliando as professoras na percepção das diversas dimensões filosóficas presentes nos encontros ao trabalhar com as crianças?
3. Ajudo as professoras a pensar estratégias para fazer um planejamento consistente e articulado com a dimensão filosófica do encontro?
4. Tenho trabalhado junto com as professoras uma lista de perguntas de aprofundamento que lhe permitirão promover o diálogo com as crianças?
5. Quando me encontro com as professoras, estou atento às suas necessidades?
6. O ambiente do trabalho no planejamento com as professoras permite que elas apresentem livremente suas inquietações, problemas e sugestões?
7. As professoras têm refletido e discutido, com elas mesmas e comigo, sobre as questões filosóficas antes de serem debatidas no encontro com as crianças?
8. As professoras têm um bom controle do tempo e da importância relativa dos diferentes aspectos do encontro?
9. No caso de atividades motivadoras ou de fechamento, temos discutido a sua significação filosófica e integração ao debate?

10. Quando observo uma experiência, registro o mais literalmente possível as intervenções das professoras e das crianças?

11. Tenho mostrado às professoras que confio na sua capacidade para desenvolver uma investigação filosófica?

12. Tenho aprendido alguma coisa no meu trabalho com as professoras?

13. Ajudo as professoras a encontrar textos instigantes para a investigação filosófica?

14. Problematizo esses textos antes e depois de levá-los às professoras?

15. Depois que observo os encontros, tenho dado um retorno crítico, cooperativo e construtivo para as professoras? Ao fazer isso, tenho ouvido as professoras?

Nomes para uma história

Como fundamentar um projeto de extensão em filosofia, que busca propiciar a filosofia não como saber ou conteúdo, mas como experiência de pensamento entre estudantes e professores que, em princípio, não têm formação acadêmica na disciplina? A tarefa parece complexa demais na medida em que comporta, pelo menos, uma demarcação de conceitos tão complexos como filosofia, educação, infância. Também o é porque as diversas pessoas se apropriam deles em diversos modos, estilos, sentidos: não há um pensamento comum, um credo que os membros do projeto aprendam e devam assimilar. Ao mesmo tempo, certa base teórica é incontornável uma vez que a sua explicitação, elucidação e permanente elaboração outorga uma força singular para alcançar as metas do projeto. Em nosso caderno de materiais, temos oferecido às professoras uma relação de palavras importantes aqui incluídas em outro texto.[3]

---

[3] Cf. "Repensando os sentidos de filosofar com outras vozes", publicado no presente livro.

A seguir, ofereço uma perspectiva diferente. A importância dessas palavras surge da leitura e inspiração de alguns autores e então apresentarei alguns deles que mais fortemente ressoam no nosso trabalho. Em certo modo, os problemas não são menores: por que esses pensadores e não outros? Como sintetizar brutalmente a complexidade de um pensamento? Por que atribuir a um coletivo leituras que não surgiram dele? De que forma não desatender a multiplicidade de leituras possíveis e privilegiar apenas uma leitura? Enfim, como se pode observar, os problemas são talvez ainda maiores com essa estratégia! Em todo caso, experimentarei essa alternativa, advertindo sobre seu caráter precário e provisório. Deixo ao leitor fazer suas próprias conexões entre palavras e nomes e sua própria seleção, modificação ou intervenção nos nomes aqui apresentados.

Sócrates

A filosofia que afirmamos nasce de certo modo com Sócrates. Ela é um exercício público da palavra, questionadora, problematizadora. Insatisfeita com os modos de vida dominantes na *pólis*, ela os questiona, os interroga, os coloca em situação de problema. Sócrates, ao se defender das acusações contra sua vida na *Apologia de Sócrates* de Platão, afirma duas coisas centrais para nós.

A primeira acusação contra Sócrates diz que ele não acreditava nos deuses da *pólis* ou que introduzia outras divindades. Sócrates responde narrando uma história segundo a qual um amigo seu, Querefonte, teria consultado o oráculo de Delfos, a fonte primeira da religiosidade ateniense, que havia afirmado não existir alguém em Atenas mais sábio do que Sócrates. Sócrates, então, sai ao encontro de diversos atores sociais na tentativa de dar sentido a essa sentença oracular que não pode ser falsa, mas que também não é fácil de entender. Interroga-os e percebe-se como o mais sábio pela sua relação com a ignorância. Enquanto todos os outros, inclusive os considerados mais sábios pelo povo e por si mesmos, não sabiam nada de grande valia e também ignoravam essa sua ignorância, Sócrates compartilhava a primeira ausência de saber, mas a acompanhava de uma percepção ou reconhecimento que o tornava um buscador de saber, um filósofo. Era sábio pela sua relação com a própria ignorância. Sabia de sua ignorância e isso o tornava o mais sábio. Isso então é alguém que está dentro da filosofia, em estilo socrático: alguém que não sabe grande coisa, mas, sabedor dessa ausência de saber, busca saber e nunca deixa de querer saber. Mesmo sabendo que nunca alcançará formas consolidadas de saber, busca obstinadamente. Vive para buscar e busca para viver. Busca pela própria busca e pelos efeitos dessa busca no seu pensamento e na sua vida, no pensamento e na vida dos outros que buscam junto com ele.

A segunda acusação contra Sócrates diz que ele corrompe os jovens. Ele se defende afirmando que nunca foi mestre de ninguém e justifica esta sentença: nunca recebeu nada pela sua prática, não transmite conhecimento algum e diz o mesmo em conversações públicas e privadas. Acrescenta que, se ele for condenado, será inútil, porque os que aprendem com ele continuarão fazendo o que ele faz. Ou seja, ele não é mestre, no sentido de que não faz nada do que fazem os chamados mestres do seu tempo, mas gera aprendizagens. Sua segunda justificativa é muito significativa para nós, em especial por sugerir uma posição para um professor sem se colocar no lugar de mestre – pois de fato nada tem a transmitir – provoca aprendizagens. Há também outros motivos socráticos provocadores na própria *Apologia*: a filosofia aparece como uma atividade, um exercício que afeta a própria vida e as outras. Ela não é saber, mas uma relação com o saber, um afeto pelo saber, que toca os modos de vida dos que a praticam, uma qualidade que outorga sentido à vida dos seus praticantes.

A vida filosófica à maneira de Sócrates parece estrangeira aos modos de vida dominantes na *pólis*. Ela inverte os pontos de interesse, as escalas de valores, os sentidos afirmados. Por isso é, em certo modo, atópica, sem lugar. Incômoda, incomoda. Inconformada, tira seus interlocutores do conformismo. Os que a habitam são considerados extravagantes: não fazem o que é para fazer, não acreditam no que é para acreditar, não vivem como se deve viver.

A posição de Sócrates é então fortemente inspiradora pela forma em que afirma um espaço para a prática da filosofia como exercício vivo de pensamento e também pelos sentidos que suscita para a prática educacional dos professores. Contudo, ela também provoca questionamentos, em particular, pela posição de superioridade sobre os outros outorgada pela sua relação com o saber e pelo caráter de missão divina, sagrada, que confere à sua tarefa. Veremos com mais algum detalhe essas questões ao tratar de outro autor influente em nosso trabalho (J. Rancière/J. Jacotot). Mas de qualquer maneira vale notar que não se trata de minúcias para as tradições culturais e instituições como as nossas, nas quais a própria filosofia tem contribuído para afirmar uma imagem de superioridade em relação a outras formas de saber e revestir o trabalho docente de uma função pastoral, em parte para lhe associar a outras práticas culturais, em parte para justificar suas precárias condições de trabalho.

S. Rodríguez

Praticamente desconhecido no Brasil, esse venezuelano não traduzido ao português foi o "último" a chegar ao projeto, mas promete ficar por bastante tempo. Simón Rodríguez foi uma pessoa de uma vida extraordinária, entre finais do século XVIII e metade de século XIX. Foi um educador de raça, mestre de Simón Bolívar, impulsor da educação dos povos latino-americanos e filósofo de grande obra. Professor das primeiras letras em escola pública desde os 20 anos, foi o primeiro a falar em educação popular na América, há mais de 200 anos. Viveu uma vida nômade, em diversos países da América e da Europa. Nasceu em Caracas, de onde fugiu após uma tentativa revolucionária frustrada contra os colonizadores espanhóis. Aprendeu muitos ofícios, foi tipógrafo (em Baltimore, Estados Unidos), empreendeu diversos projetos educacionais, o mais importante em termos da macropolítica, com Bolívar e Sucre, na atual Bolívia. Tentou plasmar institucionalmente uma proposta que acordasse teoria e prática, os ofícios e o pensamento. Considerava que a forma é tão significativa quanto o conteúdo, e por isso sua escrita era gráfica, com tipos de diversos tamanhos, formas e estilos. Afirmava que América (ou seja, América Latina, que ele chamava, como José Martí, o próprio Bolívar e tantos outros, simplesmente de América) era a terra do ensaio e da invenção.

Rodríguez foi chamado pelo seu discípulo Bolívar de "O Sócrates de Caracas". Como o ateniense, era um crítico implacável de sua sociedade, colocava em questão seus fundamentos, andava pelas cidades interpelando os modos de vida dominantes. Também dedicou sua vida a "educar" as pessoas, a examiná-las, a tentar dirigir seu olhar para outros mundos. Como Sócrates, criticava os mestres transmissores de conhecimento, os que igualavam a educação a uma técnica de difusão de saberes. Era igualmente um perturbador social, com um projeto pedagógico, filosófico e político de transformação. Ao mesmo tempo, também se jogava inteiro na sua vida pedagógica. Sócrates e Rodríguez são pessoas que falam uma língua diferente da de seus contemporâneos, considerados exóticos, extravagantes, estrangeiros em sua própria cidade e, finalmente, perigosos para a ordem estabelecida. Rodríguez foi chamado repetidamente de louco e apenas teve um pouco mais de sorte que Sócrates em não ser condenado à morte.

Rodríguez costumava afirmar: "Inventamos ou erramos". A afirmação se desdobra em várias dimensões. É uma alternativa filosófica, pedagógica, política, existencial. É ali onde se joga o que somos, e o projeto do que podemos ser. Pedia não imitar, em política, em educação e em nenhuma outra área, a Europa ou os Estados Unidos da América, os modelos dominantes na época e ainda hoje. Considerava necessário inventar uma nova sociedade, inexistente, para a qual nenhum dos modelos existentes serviria. Ele próprio era um inventor e inventou numerosos métodos de ensino. Mais do que isso, inventou modos de viver a educação e a vida de mestre.

Há várias razões para levantar essa bandeira da invenção. A primeira é que nenhum dos Estados modernos fez o que se deve fazer na América: educar todo o povo de verdade, no saber e no fazer, para uma vida comum por vir, inaugural, inaudita. Rodríguez não é um americanista em sentido estrito, e a oposição entre o particular e o universal se mostra falaz. Simón Rodríguez é as duas coisas ao mesmo tempo. O que quer para a América quer para todo o mundo, e a inventiva que pede para a América se justifica porque o que ela necessita não existe em outro lugar. Não há sistema educacional a copiar, não há Estado que destine à educação o dinheiro que deve destinar, não há educação básica que abra suas portas a todos aos que deve abri-las, não existe educação verdadeiramente pública, ou seja, geral, para todos, para qualquer um. Não há república que tenha as escolas que uma república deve ter. As escolas funcionam quase tão mal na Europa quanto na América. A América deve inventar suas instituições e sua educação porque não existem em nenhum outro lugar as instituições e a educação que possam dar conta dos problemas que constituem a realidade americana que, no final de *Sociedades Americanas*, resume em: a) que haja pão para todos, que não haja fome; b) administração de justiça, império de paz e diálogo; c) uma educação que ensine a pensar, isto é, a ter sensibilidade intelectual, a estabelecer todas as relações necessárias para entender uma questão; moderação, para ocupar-se do que importa ocupar-se socialmente, para despreocupar-se do que não importa e deixar o caminho livre para criar (Sociedades Americanas en 1842. In: *Obra Completa*, tomo I, p. 193 ss.).

Há mais razões para a invenção. É imperioso inventar, porque imitar pode significar reproduzir a lógica de submissão e extermínio que vem imperando há séculos na América. A lógica aprendida nas escolas monárquicas é um exemplo disso. Aprendem-se ali habilidades sofisticadas de raciocínio, como o silogismo aristotélico para concluir que há que fazer trabalhar a pauladas o índio por não ser homem (Extracto de la obra "Educación Republicana". In: *Obra Completa*, tomo I, p. 243). O uso dessa lógica é inaceitável na América (e em qualquer outro lugar). É preciso pensar sobre outras bases, pensar sentindo, pensar pintando uma realidade de liberdade para todos os que habitam estes solos. A verdade não está lá fora esperando ser descoberta. A verdade é parte de uma ética e de uma política que façam desta parte do mundo um lugar de verdadeira liberdade para todos os que o habitam, um lugar como não há outro na terra.

De modo que inventamos ou erramos. A invenção é critério de verdade, esteio epistemológico e político da vida que estamos afirmando. Não todas as invenções são verdadeiras, mas sabemos que, se não inventamos, não podemos aceder à verdade, que a verdade não pode ser imitada, reproduzida, copiada, modelada de outra realidade. Temos que encontrar a verdade por nós mesmos, ou nunca a encontraremos. Como encontrar a verdade por nós mesmos? Como nos inventar? Rodríguez confia na formação das novas escolas da educação social para isso. No projeto "Em Caxias a filosofia en-caixa?" não estamos tão seguros dessa possibilidade, mas agimos como se fosse possível, fazemos de conta que é possível e habitamos as escolas como espaços de ensaio e invenção.

J. Rancière (J. Jacotot)

Neste caso, estamos colocando uma dupla pela dificuldade de separar um e outro autor. Poderíamos ter feito o mesmo no caso de Sócrates (Platão). De qualquer forma, os nomes importam menos aqui, por isso optamos por expor as duas variações, para relativizar a importância de qualquer dessas opções, um nome, uma dupla. De fato, mais do que um autor, deveríamos aqui nos referir a um livro: *O mestre ignorante*.

Aprendemos com Rancière-Jacotot a necessidade de não inferiorizar ninguém, seja pelo tamanho, pela etnia, pela classe, pela idade. Todos têm igual capacidade de aprender, todos podem o que pode qualquer ser humano. Esse princípio, simples, difícil e claro desorienta a normalidade da instituição escolar: o professor não está para explicar o que sabe e o aluno para aceitar o caminho indicado pelo professor — cada um deve buscar e encontrar, por si mesmo, na companhia de outros, seu próprio caminho. Isso significa que somos iguais em inteligência: qualquer um é igualmente capaz a qualquer outro, nada do humano é alheio à nossa inteligência e, pensando, podemos nos encontrar cara a cara com tudo o que a inteligência humana é capaz de pensar.

Eis o que um professor não pode deixar de saber ou praticar, eis o que ele precisa aprender e ensinar para poder gerar as aprendizagens que, a partir desse princípio, o estudante possa querer se propiciar uma aprendizagem primeira, motora, inspiradora; um combustível – é preciso que o estudante aprenda, antes de mais nada, que ele é, em relação ao professor e todos os outros seres humanos, igualmente capaz de aprender e de pensar.

Dessa maneira, a tarefa inteira do professor passa a se reconfigurar. Ele já não sustenta sua prática no conhecimento que deve passar nem nas competências que o aluno deve atingir. Ele passa a cuidar da maneira em que o aluno quer aprender. Ele quer que o aluno queira aprender, que busque, que nunca deixe de buscar. Ele não se preocupa com o que de fato o aluno aprende, mas que aprenda e queira sempre seguir aprendendo.

M. Foucault

Sentimos muita inspiração no trabalho de M. Foucault, na sua relação com a escrita e o pensamento. Lemos sua distinção entre experiência e verdade, referida aos livros, e a pensamos também para a prática pedagógica. Pensamos, como Foucault, que há livros que se escrevem para transmitir verdades e livros que se escrevem, transmitindo verdades, para problematizar a relação que se tem com a verdade. Da mesma forma, há professores que entram na sala de aula para transmitir verdades, e outros que o fazem, transmitindo verdades, para problematizar a relação que têm com a verdade. Nesse sentido, Foucault parece habitar outro solo que o mestre ignorante, mas o sentido está próximo e, dotado do princípio da igualdade, ganha ainda mais força: trata-se de potencializar, ainda sob os efeitos da transmissão, o trabalho que cada um faz em relação com as verdades nas quais se encontra situado.

A ideia de experiência também povoa a própria prática da filosofia, de uma maneira que a torna próxima da inspiração socrática. É uma questão que a filosofia tem discutido muito ao longo de sua própria história, em particular a partir da modernidade, e da polêmica entre Kant e Hegel. Os dois extremos são igualmente insuficientes: considerar a filosofia apenas como uma forma, ou disposição, parece, por um lado, uma renúncia ao que se pode quase identificar com a própria filosofia (o que os filósofos têm produzido em seu nome) e, por outro lado, gera complicações numa instituição disciplinar como a escola. Entendê-la apenas como um conteúdo – como a filosofia é dominantemente entendida na academia – traz problemas não menores: ela se torna sistema, teoria, história transmitida sem exercício do pensamento que dê forma própria a esse conteúdo ou o coloque a pensar um problema contemporâneo, específico, recriado. De modo que a filosofia é este exercício ou experiência de pensamento em que a forma e o conteúdo se confundem na busca de pensar sempre de outra maneira, de não consagrar ou legitimar o que já se pensa e se sabe, mas de buscar sempre outras formas de pensar e saber.

De Foucault aprendemos também a olhar a escola como um dispositivo moderno disciplinar, a estar atentos aos diversos modos de exercício de poder que nela se praticam, a desconfiar das evidências e das boas intenções que parecem desatender os modos instituídos de exercer o poder. Aprendemos também que somos constituídos pelas relações de poder que estamos exercendo e que a filosofia, como exercício e experiência, talvez possa nos ajudar nisto: a compreender o que estamos sendo para podermos ser de outra maneira.

Com Foucault, olhamos para o mundo grego antigo para encontrar modos de vida que inspirem outras formas de vida contemporânea. Finalmente, de Foucault também aprendemos a não falar pelos outros, a indignidade que isso significa.

G. Ferraro

Agora, um italiano, ou melhor, napolitano, amigo, próximo, quase um de nós. De Giuseppe temos aprendido a necessidade de levar a filosofia para fora dos muros da universidade, de pensá-la nos confins da cidade, na periferia, nas bordas, nos extremos, ali onde ela parece ter estado sempre ausente e não poderia está-lo uma vez que esse é seu lugar mais próprio, mais significativo, mais vital. Aprendemos que ela é uma e a mesma coisa ali onde se a pratica, onde se encontram os amigos para pensar juntos. Exatamente isso aprendemos de Giuseppe: que a filosofia só se pode praticar entre amigos, porque ela é, mais do que um desejo, busca, ou amizade pelo saber, um saber de desejo, busca e amizade. Os filósofos – de qualquer idade, classe, gênero ou etnia – não filosofam juntos porque são amigos, mas se tornam amigos quando filosofam juntos, sabem o que é a amizade, ao filosofar.

Assim, Giuseppe nos ensina que o saber da filosofia é um saber não sobre as coisas do mundo, mas sobre o sabor que essas coisas têm, como elas sabem para nós, como e por que as sentimos de uma forma e não de outra, de que maneira elas são aquilo que são e não outra coisa, por que vestem a roupa que vestem, por que vivem esse estilo de vida e não outros. A filosofia, diz Giuseppe, é um saber que saboreia, encarnado, importante, que permite entender o que falta para ser aquilo que verdadeiramente se é. A filosofia então é uma maneira de olhar o que somos para pensar se estamos sendo o que verdadeiramente somos. Uma forma de olhar interior feita do encontro com outros olhares para entender e transformar o que estamos sendo.

Com Giuseppe aprendemos também a não separar a vida do corpo e do pensamento. Aprendemos que pensar é tocar e deixar-se tocar pelo outro. Não há pensar no isolamento, pensar exige sempre pensar com o próprio corpo e com, pelo menos, outro corpo. Assim, o pensar chama o sentir, e a filosofia exige sentir e pensar junto ao outro, ao outro corpo, tocá-lo e deixar-se tocar por ele. A filosofia é uma forma de afeto, de afetar e afetar-se no encontro dos corpos que pensam juntos. Por isso é também um exercício de liberdade, porque nela, na sua experiência, se é mais de um, pelo menos dois, quem sabe muitos. Por isso a filosofia na escola, no encontro com outros professores e estudantes, crianças e adultos, nos torna mais livres: porque nos permite sair do mundo individual, potenciando nossa liberdade de estar com outros no mundo.

Giuseppe também nos ensina que as palavras podem soar vazias, sem voz, e que a filosofia pode ser uma forma de encontrar, juntos, em comum, a voz das palavras, para que elas possam dizer algo de verdade para nós. Isto é, cada um de nós pode expressar nas palavras da experiência filosófica sua própria voz, dizer a sua palavra, a sua verdade, aquilo que o sustenta, com as palavras da filosofia. Ela também pode ser o contrário: um espaço onde a voz encontre sua palavra, um tempo compartilhado em que diminua o abismo de dupla mão entre palavra e voz. É nos confins da cidade que a voz de exclusão encontra suas palavras na experiência da filosofia. E só nos limites, onde não parece poder ser o que é, onde ela encontra o que verdadeiramente é. Assim, para a filosofia, sair dos muros da academia não é um passeio, uma excursão, um passatempo; é, simplesmente, a possibilidade de ser o que ela verdadeiramente é.

M. Lipman / A. Sharp

Outra vez uma dupla. Matthew Lipman foi o criador do programa Filosofia para Crianças e, junto com ele, de um movimento muito amplo de práticas filosóficas; Ann Sharp trabalhou incansavelmente na "disseminação" do projeto. Ambos morreram em 2010. Mat Lipman, afetado pelo Parkinson, mas até o final pensando e buscando sentido em sua tentativa. Ann Sharp, jovem demais para morrer, percorrendo infatigavelmente o mundo para reunir as crianças e a filosofia.

A própria ideia do projeto está inspirada em Lipman e Sharp, dentre outros motivos, na afirmação originária da possibilidade e importância da reunião entre filosofia e infância nas instituições educativas. Embora não adotemos seu programa e ainda afirmemos diferenças significativas na maneira de conceber a filosofia, a infância e o sentido de seu encontro, aprendemos muito com Lipman e Sharp.

Dentre outras coisas, aprendemos a apostar na coerência entre o que se pensa e o que se faz, entre as ideias e os projetos que se têm e a maneira de tentar levá-los à prática em educação. Trata-se de uma questão crucial na formação de professores, que deixa de ser pensada como a entrega ou transmissão dos subsídios teóricos e metodológicos de que eles precisariam, para se tornar uma prática coerente com o que se busca que eles façam com seus estudantes: o exercício vivo da filosofia, a filosofia como experiência de questionamento, a própria imersão na prática da filosofia confiando em seu poder transformador. Assim, o sentido principal das estratégias de formação de professores torna-se uma deformação da posição tradicional que as instituições educacionais contribuem em consolidar. Na formação de professores tal como a concebemos se desaprende um modo de ser professor para poder se entregar à experiência do filosofar. Ali se aprende a desaprender um modo de ser professor para poder dar lugar a modos afirmativos e consistentes com a experiência do filosofar.

Em certo modo, a diferença entre conhecer e pensar, que Lipman toma de J. Dewey, é central nessa questão. Pois se a educação tem a ver mais com o pensamento do que com o conhecimento, então uma nova lógica de formação e de prática educativa se abre. Lipman deu uma centralidade singular ao pensar na sua proposta, nos objetivos não apenas de educação das crianças, mas também da formação dos professores.

A ideia de comunidade de investigação filosófica desempenha neste sentido um papel fundamental. A filosofia é concebida de forma muito diferente da filosofia acadêmica dominante em nossas instituições. Ela já não é mais aquela tarefa individual e solitária, introspectiva, reclusa. Não que essa prática de estudo não tenha um lugar na individualidade da vida fora das instituições. Mas, no encontro comum, ela se torna uma prática dialógica, onde o que importa não é quem tem a razão, quem pode citar coisas mais extravagantes ou quem convence quem, mas a investigação coletiva tendente a mostrar a complexidade dos problemas, as diferentes maneiras de enfocar uma questão ou de pensar um enigma. Na investigação filosófica coletiva o filosofar se volta a uma oportunidade de encontro com o outro, com os outros pensamentos, com os pensamentos dos outros.

G. Deleuze

Com Deleuze aprendemos a dar importância às formas não subjetivas, impessoais, que circulam – não sem dores e dificuldades – pelas instituições educacionais. Ou que, em todo caso, podem nelas ser desenhadas, tais como devires, linhas de fuga, ritornelos. Ou seja, aprendemos a deixar de pensar a educação como um dispositivo de formação de determinadas subjetividades para pensá-la como uma prática disparadora ou propiciadora de espaços que interrompem a dinâmica dominante na escola, aquela que disciplina, controla, conforma. Da mesma forma, aprendemos a diferenciar infância e crianças, a desconfiar da temporalidade cronológica que divide a vida em etapas, concebendo o tempo da vida como a sucessão de um movimento consecutivo indiferenciado, monocorde. De Deleuze aprendemos a noção de devir-criança ou de devir-infantil, que é uma forma de estar no mundo associada não aos anos que se tem, mas à experiência de vida que se afirma.

Deleuze afirma também uma dimensão da filosofia crucial para nosso trabalho, que diz respeito ao trabalho de criação conceitual. E, nesse sentido, não é preciso compartilhar sua própria caracterização de conceito e a maneira como entende esse trabalho de criação, para perceber nele inspiração importante para fazer da prática da filosofia algo que não apenas coloque novos problemas mas que também ajude a pensar afirmativamente como respondê-los, embora eles sejam mesmo irresolúveis.

Com Deleuze aprendemos também a sair do mundo da prescrição e da normativa e apreciar a imanência da vida. Em educação trata-se de uma questão potente para afirmar práticas alternativas, já que ela parece ser, em certo modo, o reino da norma, do dever ser. Não apenas as leis e documentos oficiais, mas também boa parte do discurso teórico – inclusive aquele que poderíamos chamar "crítico" – reproduzem essa lógica normativa para pensar a realidade educacional. Mais ainda, no próprio corpo dos professores e alunos, tudo parece estar atravessado por esse dualismo entre o que é e o que deve ser. Pensar uma teoria e uma prática educativa imanente, não dualista, é para nós um desafio singular.

Deleuze também nos ajudou a pensar o caráter "menor" da educação: a não estar sempre ou apenas preocupados com a educação "maior", com o currículo, as diretrizes, os parâmetros, e pensar o que pode ser praticado nos interstícios e limites desse espaço maior, molar.

Finalmente, com Deleuze aprendemos certa relação com o aprender. Aprendemos que não se aprende de ninguém, mas com outros, que nada ensinam os que pretendem se colocar como modelos, paradigmas, arquétipos. Aprender supõe dar atenção aos signos, decifrar signos do mundo, das pessoas, da vida. Aprende-se pelo padecer, pela experiência sensível do corpo. Aprendemos também que não há correspondência biunívoca entre ensinar e aprender, que alguém pode ensinar o que ninguém aprende e que outro pode aprender sem que ninguém lhe ensine. Aprendemos, assim, o mistério da relação entre ensinar e aprender e a conviver, no pensamento, com esse mistério.

Marcos

O subcomandante Marcos é o líder intelectual do movimento zapatista, que irrompeu desde a Selva Lacandona no estado mexicano de Chiapas em 1994. Sabe-se muito pouco dos zapatistas no Brasil. Há, contudo, abundante material na internet onde é possível se encontrar, traduzidos para o português, boa parte dos comunicados e cartas a partir das quais se expressa o zapatismo.

Marcos é um filósofo de formação que, em determinado momento de sua vida, viajou da cidade do México ao estado de

Chiapas para viver a realidade de opressão e exclusão dos indígenas chiapanecos e, nessa vivência, construir um movimento singular de resistência política a essa realidade. De Marcos e os zapatistas, o que aprendemos é, sobretudo, uma maneira de pensar e afirmar a política. O sentido da política zapatista pode-se ler na sua epígrafe "Hoje dizemos basta!", contido na Primeira Declaração da Selva Lacandona, dada a conhecer em 2 de Janeiro de 1994.

"Hoje dizemos basta!" indica um tempo, 500 anos, de lutas, uma luta ancestral que os povos indígenas travam no México contra os invasores, os que roubaram suas terras, seus alimentos, suas riquezas, suas vidas. Indica também uma ação de palavra em primeira pessoa do plural: "dizemos". Uma expressão coletiva, um povo, uma força comum que expressa uma resistência: a palavra é uma forma de revolta. Finalmente, indica um tom de voz alto, uma exclamação, um grito que interrompe a calma e os silêncios. É sinal de um limite, um ponto que não pode mais ser ultrapassado, uma barreira que se alça frente a esse tempo ancestral que a justifica e lhe dá sentido. O "basta!" é uma forma de dizer que já não há como continuar com esses 500 anos, os detém, os interrompe, coloca-lhes uma barreira, uma oposição, uma contenção. O "basta!" é uma espécie de "pronto", "acabou", "até aqui chegamos", mas não mais. A partir dali o zapatismo afirma uma nova política, sem excluídos, sem hierarquias, sem representações. Nessa política, não há os que mandam e os que obedecem, os que sabem e os que ignoram, os que legislam e os que cumprem as leis. O zapatismo é uma política da igualdade afirmada pelo diferente.

Marcos escreveu muitas histórias – como *A história da busca, A história dos olhares, A história dos espelhos* – nas quais reúne elementos das mitologias americanas pré-europeias e pensadores europeus contemporâneos inspiradores para filosofar com crianças. Elas mostram um mundo complexo, aberto, incompleto, em que a vida humana exige pensar-se por si e com outros. O movimento zapatista também nos fez ver a política com mais cores, não só com letras o zapatismo escreve; sua gente pinta, borda, desenha e colore a vida que há e virá. É rica e intensa a sua interseção com as mais diversas artes. A força e a dor do "Já Basta!" se declara fazendo alegrias na arte, afirmando uma expressão colorida da vida.

J. Derrida

Desse argelino-francês aprendemos, sobretudo, a ver o caráter paradoxal, antinômico, enigmático do ensino de filosofia e da posição do professor de filosofia. Isso significa um espaço de incerteza, tensão, de constante busca de sentido. Mais ainda, ele parece um espaço ao mesmo tempo necessário e impossível de habitar. De uma maneira livre nos apropriamos desse caráter antinômico para não estar tranquilos, para dotar nossa prática dessa ausência de conforto que faz o pensamento se mexer e nunca deixar de se mexer.

Enunciarei a seguir, apenas a modo de exemplo, algumas questões a partir das quais se apresenta essa condição e exigência. A autonomia é uma exigência de nosso tempo, uma dessas palavras coringas a favor das quais a filosofia deveria trabalhar na escola: ela deveria formar alunos autônomos. A uma só vez, ensinar filosofia exige muitas formas de autonomia: da própria filosofia diante outros saberes e poderes; do professor, diante os marcos institucionais que o regulam; de quem aprende diante de quem ensina e os outros aprendizes. Porém não há como atender a essas exigências de autonomia num contexto institucionalizado como o escolar. Ou seja, a autonomia é tão necessária quanto impossível. Da mesma forma, sucede em relação à transmissão: nada temos a transmitir e, ao mesmo tempo, transmitimos muitas coisas. E seria não apenas impossível, mas sem sentido, entrar numa sala para nada transmitir! Mais ainda, o gesto primeiro da filosofia, esse desejo de busca, essa necessidade afetiva pelo pensamento é, ela mesma, intransmissível. Em outras palavras, não há o que ensinar na filosofia a não ser um gesto que é, em si mesmo, inensinável. Também parece antinômica e paradoxal a relação do professor com o saber. Ele se mostra como ignorante, alguém que não sabe, mas sabe muitas coisas e precisa saber justamente essa relação com o saber de ignorância que a filosofia afirma, essa relação que é efetivamente misteriosa para o professor. De modo que ele precisa saber e ignorar ao mesmo tempo, sendo que de fato ele sabe o que afirma ignorar e ignora o que diz saber. Derrida também ensina a ver de maneira paradoxal a relação do professor com um método. Ele precisa de um caminho, planejamento, recursos, textos, estratégias de sensibilização, formas de avaliação. Mas a filosofia escapa a qualquer método. O melhor método aplicado da maneira mais rigorosa pode não provocar uma experiência de filosofia, e ela pode surgir sem qualquer método ou de uma prática antimetódica. De modo que o ensinar pode ser visto como uma tarefa ao mesmo tempo necessária e impossível, e esse caráter paradoxal é uma força que potencia nosso trabalho na escola.

M. de Barros

Hesitei em trazer o camisa 10... Titubeei ao pensar em incluir Manoel de Barros entre os nomes que nos frequentam. Mas as razões para trazê-lo são muitas. Primeiro, é um poeta, um artista, um criador. O tom da experiência filosófica que nos anima aproxima-se daquele da experiência artística: o tom da sensibilidade criadora. Se isso não for suficiente, é um criador de infâncias, de uma relação particular com a infância, na escrita e no pensamento.

E, se ainda fosse necessária outra razão, sua presença é muito forte na prática de nosso projeto. Ele é inspirador, pela sua escrita para pensar e agir nas salas de aula. Frases suas são permanentemente lembradas nas reuniões de trabalho, nos planejamentos das atividades, nas jornadas de encontro e de apresentação do projeto.

Porém, essas mesmas razões me faziam em parte duvidar: um poeta num projeto de filosofia? Para que dar alimento aos "filósofos" ávidos em objetar o caráter filosófico de nosso trabalho? Ao mesmo tempo, Manoel de Barros não se tornou um nome fácil demais? Uma espécie de moda que parece bastar ser mencionado para gerar consenso e adesão? Porém, venceu a força do seu pensamento e sua influência efetiva, em nossa teoria e nossa prática.

Destaco alguns traços sugestivos inspiradores em Manoel de Barros. Primeiro a beleza da escrita e do exercício do pensamento. Há uma dimensão estética insubstituível quando pensamos e escrevemos. Não podemos renunciar a ela. A estética e a criação se remetem mutuamente. Em certo modo, uma está a serviço da outra. Uma epígrafe de Manoel de Barros, ao primeiro volume dos três que compõem *Memórias inventadas: a infância de Manoel de Barros* é eloquente: "tudo o que não invento é falso".

A invenção, tal como em Simón Rodríguez, é critério de verdade. Pode até ser que todos os inventos não sejam verdadeiros, mas também sabemos que algo que não inventamos não pode ser verdadeiro. A criação é a porta de entrada ao mundo da verdade. Pode até não ser verdadeira, mas é uma linda e inspiradora maneira de introduzirmo-nos no mundo do pensamento.

Também importa mostrar como o poeta do pantanal tem nos ensinado a desaprender uma visão apequenada e esquemática da infância cronológica, abrindo as portas para um olhar mais potente, rico, complexo. O mundo da criança é na sua escrita um mundo de intimidade com as coisas e com o mundo, de força vital e energia criadora. Sua poesia mostra a força de uma forma infantil de estar e olhar o mundo. Mais ainda, Manoel de Barros ensina a feiura e pobreza dos olhares empequenecedores, e, ao contrário, dá força singular ao pensamento quando ele se coloca para dar atenção ao que normalmente é mostrado como pequeno ou inútil.

A escrita de Manoel de Barros compartilhada entre professores e estudantes é também uma oportunidade para derrubar as fronteiras disciplinares e as rigorosidades metodológicas na hora de exercer o pensamento numa sala de aula. Com ele, damos a ler e lemos um pensamento rico, potente, bonito, e essa leitura importa pela própria experiência de leitura que pode gerar, para além do pensamento que ela mesma pode gerar. Pela sua irreverente relação com a sintaxe e com a gramática, pela forma em que exige desaprender uma forma padronizada de escrita, ele também inspira a pensar mundos para além dos mundos padronizados no pensamento. Dessacralizando a escrita e o pensamento consagrados, singra as condições para a invenção na escrita e no pensamento.

Capítulo II

> *Filosofia pra mim*
> *É saber escutar*
> *Mas se tiver vontade*
> *Também podem falar.*
>
> *Filosofia é um dom*
> *Que se chama filosofar*
> *É um momento da aula*
> *Que paramos para pensar*
>
> *Falamos um pouco de tudo*
> *Nesse nosso momento*
> *Já falamos sobre o nada*
> *Liberdade, pensar e tempo.*
>
> *É uma sexta-feira*
> *De muita alegria*
> *Quando nós descemos*
> *Para fazer filosofia.*
>
> *Afinal, filosofia pra mim*
> *É tentar explicar o inexplicável*
> *Responder o que não é pergunta*
> *Fazer o difícil virar fácil.*

Ricardo Henrique Soeira de Jesus Junior

Filosofia com crianças: caminho para o pensar transformador na escola?

Vanise Dutra Gomes[1]

A filosofia encanta quando nos permite ouvir o que está dentro de nós. Quando nos permite reconstruir certezas, quando revemos criticamente aquilo que somos. Se conseguirmos perceber esse encontro, gostamos de filosofar.

PROFESSORA CRISTINA

Este trabalho que apresento em forma de artigo faz parte da minha dissertação de mestrado. Com ele desejo desenvolver algumas reflexões acerca da filosofia com criança que tenho praticado na escola pública e pensar como esse tema tem afetado minha prática pedagógica na escola, na sala de aula e na minha própria vida.

Durante muito tempo, no dia a dia da minha prática como professora, tenho observado e perguntado: Por que as crianças, ao lidar com questões e atividades ligadas ao aprendizado da leitura e da escrita convencional, apresentam muitas dificuldades de concentração e atenção para ouvir o que está circulando no interior da sala de aula? Por que apresentam dificuldades para expressar oralmente suas ideias e pensamentos a respeito do que está à sua volta? Ou não conseguem relatar com clareza suas vivências para que a partir delas possamos realizar estudos sobre

---

[1] Mestre em Educação pela Universidade do Estado do Rio de Janeiro e professora coordenadora do Projeto "Em Caxias, a filosofia en-caixa?" na Escola Joaquim da Silva Peçanha, Duque de Caxias, RJ. E-mail: vanisedutragomes@gmail.com

a língua? Por que não são criativas ao escreverem seus textos? E não conseguem entender os textos lidos por elas ou por mim? Ou apresentam dificuldades de compreensão sobre qualquer texto lido por elas ou por mim? E dificilmente dialogam sobre suas dúvidas, questões e opiniões quando solicitadas a participar comentando os temas que são apresentados? Será que não haveria, diante de tantas dificuldades encontradas durante o processo de aprender, outra maneira de ser, de experimentar e de pensar o espaço-tempo do cotidiano da escola/sala de aula?

Todas essas perguntas têm me acompanhado durante muito tempo, e nos últimos dois anos tive a oportunidade de me aproximar da prática da filosofia com criança e desenvolvê-la no cotidiano da minha prática escolar. É uma proposta ousada e inovadora que tem provocado muitas inquietações, transformações e autotransformações, consideradas positivas e inusitadas para nós, professoras, algo que tem nos tocado e nos afetado profundamente.

Tal proposta se concretiza através de um projeto de extensão universitária intitulado "Em Caxias, a filosofia en-caixa?" desenvolvido pelo Núcleo de Estudos Filosóficos da Infância (NEFI), do Programa de Pós-Graduação em Educação da Universidade do Estado do Rio de Janeiro, na Escola Municipal Joaquim da Silva Peçanha situada no município de Duque de Caxias, Baixada Fluminense, escola na qual trabalho como professora das séries iniciais do ensino fundamental.

As atividades do projeto acontecem por meio daquilo que intitulamos "experiências filosóficas"[2] realizadas semanalmente com as crianças e os adultos, e nós, professoras praticantes do

---

[2] As experiências filosóficas são atividades de aproximadamente 60 minutos, desenvolvidas pelo projeto de Filosofia com crianças na escola através da composição de alguns elementos básicos que têm como objetivo o exercício do pensamento. Trataremos deste assunto com maior atenção no último capítulo deste trabalho.

projeto, temos a responsabilidade de planejá-las, executá-las e avaliá-las acompanhadas pelos membros do NEFI.

Estamos sempre nos enfrentando com o exercício de pensar o impensável e somos afetadas (MERÇON, 2009, p. 41-44) por uma nova prática, pois ao prepararmo-nos para fazer filosofia somos conduzidas a pensar em questões menos didáticas e mais filosóficas (KOHAN, 2007b, p. 23).

A partir das questões relacionadas com as dificuldades de aprendizagens dos alunos e alunas e das possibilidades de ressignificação do processo de ensinar e de aprender que fomos convidadas a fazer através do projeto de filosofia com crianças, me vejo preocupada em tentar enxergar coisas e principalmente pessoas que estão invisibilizadas no cotidiano escolar. Sujeitos que dão vida à escola pública e nela fracassam, que criam problemas e nos obrigam a pensar as práticas escolares. Esses sujeitos denunciam a insuficiência do discurso da igualdade e necessitam com urgência de projetos criativos e flexíveis o bastante para abrigar as diferenças.

Na pesquisa que venho realizando sobre "Filosofia com crianças na escola pública: possibilidades de experimentar, pensar e ser de outra(s) maneira(s)?", busco compreender as ações dos sujeitos na dinâmica pedagógica, destacando a inclusão de processos interativos que envolvem ações individuais e coletivas, nas quais a singularidade das práticas e a multiplicidade dos processos que tecem a experiência filosófica na escola se dão através da participação ativa e reflexiva dos sujeitos.

Essas transformações me têm conduzido a reafirmar minhas muitas inquietações e a formular novas perguntas, no sentido de tentar compreender algo que se passa com os sujeitos do chamado "processo ensino-aprendizagem" da escola pública contemporânea. Interessa-me compreender não apenas como opera com esses sujeitos a chamada sociedade do conhecimento e da informação, da opinião, da velocidade e do trabalho, mas de que maneira as experiências filosóficas com crianças no interior dessa escola podem possibilitar experimentar, pensar e ser de outra maneira nos estudos escolares e na vida (FOUCAULT, 2009, p. 175).

Quero compreender se tais mudanças que vão surgindo a partir das experiências filosóficas realizadas com as crianças – que sempre pedem carinhosamente pela chamada "aula de filosofia" – podem contribuir com a tão sonhada transformação e quiçá com a não menos sonhada emancipação social, através de algo que de fato nos aconteça, nos toque, nos afete (LARROSA, 2002, p. 21), não apenas em momentos isolados ou efêmeros, mas também no cotidiano da sala de aula.

Para tanto, se fazem necessárias algumas escolhas quanto ao processo de investigação científica e compreensão no campo teórico-epistemológico para dar lugar ao estudo sobre o que acontece e afeta afirmativamente os sujeitos de uma experiência/sentido no cotidiano da escola pública. Levaremos em conta um novo paradigma que evoca um novo pensar epistemológico e político em busca de "um conhecimento prudente para uma vida decente" (SANTOS, 2009, p. 74) na tentativa de tecer relações entre o possível e o desejável, entre a igualdade e a diferença, revalorizando relações culturais mais horizontais e modos de pensar e estar no mundo tornados invisíveis.

Ao refletir sobre o paradigma do conhecimento científico e tecnológico presente no discurso das grandes narrativas – que fundamentaram a sociedade moderna e constituíram a escola pública como forma de veicular seu ideário civilizatório de progresso e também sua manutenção ideológica via instrução escolar, bem como, refletir sobre a crise da racionalidade instaurada no final do século XX com a contribuição e atrelamento do saber científico e tecnológico ao capitalismo selvagem e excludente, que utiliza a instituição escolar gerando uma grande precariedade e um enorme descrédito na escola pública brasileira –, busco com este trabalho tentar inverter a discussão, acreditando na valorização de "práticas educativas menores" (GALLO, 2008, p. 64-65) desenvolvidas no interior da escola que de fato estão comprometidas politicamente com as possíveis transformações dos sujeitos que delas participam.

Quando falamos da escola, pensamos nos sujeitos e nos processos que atravessam seu cotidiano, nas relações que vão sendo tecidas, nos objetivos e nas finalidades de uma educação escolar de qualidade.

Então, ao refletir sobre o trabalho do espaço-tempo escolar que tenho desenvolvido até a chegada do projeto de filosofia com crianças e nas transformações que a filosofia com crianças já proporcionou, me vejo preocupada em discutir o que de fato estamos fazendo na/da escola. O que poderiam significar ensinar e aprender? Será que estamos preocupados na transmissão, ampliação, aprofundamento e construção de conhecimentos escolares que levem uma experiência/sentido para a vida? É possível que tais conhecimentos potencializem afirmativamente transformações e autotransformações nos sujeitos participantes da escola? Como despertar o desejo de aprender nos nossos alunos, de forma que sejam afetados por um pensar que os leve a sair do lugar-comum? Seria possível na escola um aprendizado em que professores e alunos tenham experiências de aprendizagem que possibilitem pensar, experimentar e ser de outra maneira que não a que temos sido? Qual o caminho que precisamos priorizar para que uma aprendizagem escolar tenha de fato sentido e atravesse a vida dos participantes da escola: a experiência do conhecer ou a experiência do pensar?

A pesquisa que realizei no mestrado a partir do tema "Filosofia com crianças na escola pública: possibilidades de experimentar, pensar e ser de outra(s) maneira(s)?" se desenvolveu em quatro capítulos. Todavia, como já foi citado anteriormente, para este artigo apresentarei um relato[3] de acontecimentos

---

[3] Os nomes das professoras foram trocados para preservar a identidade dos participantes do projeto. Apenas foi mantido o nome da autora do capítulo.

ocorridos na Escola Municipal Joaquim da Silva Peçanha com a chegada do projeto "Em Caxias, a filosofia en-caixa?" e que tem contribuído para repensar a prática pedagógica desenvolvida na escola/sala de aula.

A chegada do Projeto de Filosofia com Crianças na Escola

No final do ano de 2007, chega à Escola Municipal Joaquim da Silva Peçanha (município de Duque de Caxias, RJ) uma proposta ousada, diferente. Ao mesmo tempo que nós profissionais da escola nos sentíamos curiosos, a ideia também nos trazia uma sensação de insegurança. A proposta seria desenvolver um projeto de filosofia com crianças e, se possível, com os adultos, com o objetivo de "fortalecer o pensamento de crianças e professores da Rede Municipal de Educação de Duque de Caxias, visando a constituição de subjetividades críticas e transformadoras".[4]

Filosofia? E com crianças? E na escola das séries iniciais do ensino fundamental? Esses foram os principais questionamentos que ficaram depois da apresentação do projeto. Algumas de nós professoras estávamos curiosas com a proposta, outras desconfiadas, pois os contatos anteriores que tínhamos com a filosofia em nossa formação não tinham sido muito favoráveis.

Segundo alguns dos depoimentos dos profissionais da escola que foram registrados na pesquisa original, pude perceber que o pouco contato que esses profissionais tiveram com a filosofia, os levaram a compreendê-la apenas como uma disciplina que tem uma força, uma potência, mas que está um pouco distante

---

[4] Caderno de Materiais elaborado pela UERJ/PROPED/NEFI, ainda não publicado, para a formação dos participantes do projeto "Em Caxias, a filosofia en-caixa? A escola pública em Duque de Caxias continua apostando no pensamento". Abril /2010

de sua formação. A filosofia não parecia ter deixado uma marca profunda em nenhum dos professores e, de modo geral, eles se sentiam longe da filosofia, tanto pela sua suposta capacidade para exercer o pensamento filosófico quanto pela dificuldade em vincular os textos e temas dos filósofos com sua vida cotidiana.

Os depoimentos apresentaram a filosofia apenas como história tradicional dos filósofos, seus pensamentos, concepções, ideias abstratas sem conexão com a vida profissional do professor e a vida cotidiana. Por fim, pude observar também que as posturas de incapacidade dos professores ante a filosofia demonstravam-na como um campo para outros: os capazes de pensar o mundo com inteligência. Mesmo assim, oito professoras, duas orientadoras pedagógicas, uma orientadora educacional e a diretora decidiram apostar nesta aventura da filosofia com crianças na escola pública.

Para a execução do projeto foi necessário pensar o espaço físico, o tempo para seu funcionamento e se era possível contar com a contribuição e participação efetiva da diretora da escola, que, além de ceder uma sala de aula que estava interditada esperando obras e reparos estruturais, também organizou junto com a equipe técnico-pedagógica e o NEFI a melhor disposição do horário para participação dos professores com suas turmas.

A ideia de um espaço diferente das outras salas de aula foi apresentada pela equipe do NEFI. A nova sala de filosofia possibilitou o (re)pensar o espaço escolar como um todo, nos convidando a formular novas perguntas e a pensar até que ponto uma reorganização estética das salas de aula e a posição de igualdade entre alunos e professores pode contribuir no ensino e na aprendizagem na escola.

No entanto um grande desafio dos participantes do projeto, de profissionais da escola e coordenadores do NEFI foi pensar as possibilidades de organização do tempo para as experiências filosóficas dentro do horário das aulas, bem como uma equipe que auxiliasse as professoras ficando com as turmas no horário de seu planejamento e avaliação das experiências. Um fato interessante de pensar a inserção das experiências filosóficas na carga horária das turmas, tendo em vista a integração com os outros conteúdos e matérias curriculares, foi que os próprios alunos foram apropriando-se da arte de pensar que é própria da filosofia e solicitaram aos professores sua inclusão no cotidiano da sala de aula.

Um ponto muito marcante e importante foi a formação dos professores quanto ao conhecimento e à imersão no projeto, visando garantir que as experiências filosóficas estivessem sempre pautadas nos seu princípios norteadores.[5] Pude observar, nos relatos das professoras, que as expectativas que nos deixavam inseguros com a chegada do projeto foi potencializando a importância das formações que participávamos na medida em que nos aproximavam do que precisávamos fazer para seu desenvolvimento.

> Lembro-me perfeitamente do dia em que Walter Kohan, filósofo e autor de vários livros, sobre filosofia para crianças de escolas públicas, esteve na escola pela primeira vez, propondo aos professores a oportunidade de se trabalhar filosofia com crianças das classes iniciais. Fiquei entusiasmada com a ideia, entretanto lá no fundo, muitas dúvidas surgiram. Não conseguia compreender como esse projeto seria implantado e quais seriam os benefícios para o educando. As capacitações na UERJ, em Angra dos Reis, as experiências vividas foram fundamentais para que eu percebesse que trabalhar filosofia com crianças de classes populares era possível. (Ana)

No relato da professora Ana, podemos perceber seu interesse e entusiasmo em trabalhar com o projeto e as muitas dúvidas e inseguranças que nos envolviam, porém ela também

---

[5] Os princípios norteadores do Projeto "Em Caxias, a filosofia en-caixa?" são incluídos no texto conjunto de Walter Kohan, Beatriz Fabiana Olarieta e Jason Thomas Wozniak, neste mesmo livro.

demonstra que foi de fundamental relevância seu contato com a maneira de *fazer-saber* do projeto e a sua própria vivência com as experiências filosóficas nas formações, para a compreensão do trabalho a ser desenvolvido e suas possibilidades com as séries iniciais da escola pública.

> Quando Walter chegou à escola em 2007 e fez a experiência inicial com os professores achei muito interessante. Pensei que iria ser uma boa oportunidade de eu poder acrescentar algo novo no meu método de trabalho e também em minha vida pessoal, porque achei o exercício proposto muito enriquecedor e, inclusive, me fez pensar sobre uma dificuldade que eu tinha e que eu achava que nunca saberia fazer, que era organizar ideias. Nem sei se é essa a expressão, mas o que me pareceu foi que seria uma atividade que poderia contribuir para me ensinar a pensar. Sempre fui muito agitada e ansiosa, e isso me atrapalhava e ainda atrapalha muito o raciocínio. Outra coisa que vi que a filosofia me ajudaria era em aceitar que discordassem de mim. Eu tinha um grande problema com isso.
>
> Tivemos alguns cursos, reuniões e também algumas experiências com alunos coordenadas pelo pessoal do NEFI que nos deram noções de como desenvolver o projeto. Tudo era muito novo e complicado.
>
> Em 2008 houve um curso de formação considerado importante para a formação dos professores envolvidos no projeto, mas, por questões pessoais, não participei. Senti que fiquei um pouco perdida depois que o pessoal voltou, porque falavam muito e citavam coisas que fizeram e aprenderam lá. A minha sorte foi que a Vanise ia embora da escola comigo e no caminho conversávamos sobre o projeto, o curso, as experiências. E a paixão que Vanise tem pelo projeto foi algo fundamental para que eu pudesse cada vez mais me envolver com o projeto.
>
> Muitas pessoas desistiram por vários motivos, mas acredito que o principal motivo seja a incerteza que o projeto nos traz de início e que requer uma busca constante de aproximação do que seja a realização de fato de uma experiência filosófica.
>
> E acredito que para muitos faltou essa vontade de acertar, talvez pelo trabalho que dão as coisas novas, desconhecidas e sem forma fixa, como é o caso desse projeto. (Cristina)

O relato da professora Cristina apresenta detalhes interessantes que valem a pena comentar. Primeiro ela aponta como a formação inicial e sua pessoal vivência com as experiências filosóficas contribuiu não apenas para a sua vida profissional mas também para a vida pessoal. Ela relata as possibilidades da experiência do pensar diante de suas impossibilidades e o convite de transformação que uma experiência pode potencializar. Outra coisa nesse relato foi a percepção quanto à potente contribuição da vivência das experiências na formação para pensar o ensinar e o aprender, especialmente ajudando a pensar o lugar que ocupava como professora, abrindo-se em direção ao diálogo, já que tinha dificuldade de aceitar que suas ideias fossem contestadas por outra pessoa.

Nós professores fomos formados com a ideia de que temos o saber e devemos transmiti-lo a quem não o tem. Então esse suposto saber nos impede a abertura para o diálogo com o outro, inclusive com os alunos, já que estes são o alvo do nosso suposto saber e, como também supostamente não sabem, então devem se calar e atender ao nosso suposto saber de mestres.

Continuando, a professora Cristina relata o quanto a formação do e no projeto propõe atividades que são potentes, afetando professoras que acreditam não somente no projeto mas também no potencial de outras pessoas desenvolverem o projeto. Dá exemplo de sua amiga que, ao participar da formação, retorna e a ajuda a pensar coisas que não havia experimentado na primeira formação em 2008.

No entanto, a professora relata sobre as desistências de alguns professores do projeto, demonstrando que, para realizá-lo, se faz necessária uma abertura pessoal para uma proposta que não tem um método pedagógico fixo, como tantos elaborados e desenvolvidos na escola.

A filosofia com crianças impõe uma condição primeira para aquele que deseja nela se aventurar: a abertura para trilhar o caminho da experiência e permitir que sua vida seja atravessada e afetada pelos encontros e desencontros de uma caminhada aberta, enigmática, imprevisível, levando-o a lugares ainda não vividos ou pensamentos ainda não pensados.

As experiências filosóficas ressignificando a prática pedagógica

A formação inicial me deixou numa situação contraditória. Se por um lado possibilitou vivenciar como desenvolveria as experiências filosóficas do pensar e o pensar as experiências, por outro, convidou-me ao desafio de correr o risco de pensar coisas que ainda não tinha pensado sobre minha prática pedagógica.

Sendo assim, penso ser necessário refletir um pouco sobre como as experiências filosóficas me convidaram a rever minha prática pedagógica trazendo significativas mudanças.

Para realizar as experiências filosóficas havia que contar com alguns elementos importantes para compor uma experiência do pensar. São eles: a "disposição inicial", a "vivência (leitura) de um texto", a "problematização do texto", o "diálogo" e o "momento para recuperar e continuar pensando o tema". Mesmo sendo propostos os elementos que deveriam compor uma experiência filosófica, ela se apresentava como uma proposta aberta, havendo liberdade de criar a partir deles novas formas de experimentar o pensar filosófico.

O primeiro elemento era a preparação com uma disposição inicial para garantir que as condições de escuta, silêncio, respeito ao pensar do outro, diálogo fossem estabelecidas nas "comunidades de investigação filosófica".[6] Essa disposição inicial representa um momento importante, pois na escola/sala

---

[6] Termo utilizado por Matthew Lipman no Programa de Filosofia para Crianças, em que é realizado um diálogo a respeito das novelas filosóficas por ele elaborado. Espaço-tempo de possibilidades de experiência do pensar filosófico.

de aula a dinâmica acelerada e disciplinadora impossibilita a necessária concentração para o exercício do pensar. O interessante é que precisávamos de uma *distração* daquilo que estava fazendo no cotidiano da escola para buscar outra dimensão do pensamento, a dimensão da experiência/sentido.

Nas aulas, os alunos precisavam manter uma postura disciplinar, uma vez que se crê que, sentados, enfileirados e havendo silêncio, garante-se uma "boa" situação de concentração e de aprendizado. Mesmo com tanto cuidado na disciplina, os alunos sempre encontravam uma maneira de burlar as regras e conversar, sair dos seus lugares, brincar durante as aulas. Isso acabava gerando um clima de controle e de hostilidade por parte dos professores, impossibilitando a participação das crianças e aguçando ainda mais sua agitação em sala de aula.

Quando chegávamos à sala de filosofia esse clima seguia conosco, fazendo-nos buscar outro tempo que não poderia ser o escolar.

> Muitos de nós professores evitamos que nossos alunos "conversem" em sala de aula, pois acreditamos que isso possa prejudicar o desenvolvimento do trabalho. O fato é que, ao generalizarmos, não permitindo também que as crianças se expressem diante de um determinado assunto, estaremos formando cidadãos sem opinião própria, passivos diante do mundo. Posso afirmar que a filosofia me fez refletir sobre essa e outras questões, e fui em busca de uma nova transformação: a dos alunos (professora Ana).

Nesse depoimento, a professora Ana reafirma como os professores não permitem o diálogo por imaginarem que com este controle estão garantindo uma suposta concentração e um suposto aprendizado na escola/sala de aula.

Pensar uma "disposição inicial" para vivermos uma experiência/sentido me trouxe a reflexão sobre a posição de passividade que impúnhamos aos nossos alunos, posição de receptores; por mais inovações pedagógicas que usássemos, no fundo não havia mudanças significativas quanto à minha concepção de aluno. Aqueles que supostamente não sabem necessitam do professor que supostamente sabe para conduzi-los no caminho do saber e garantir, assim, a transmissão dos conteúdos curriculares.

Quando a professora Ana relata que buscou a transformação dos alunos, percebo que ela se abre à sua própria transformação, pois, ao reconhecer a proibição do diálogo e que o filosofar a convida a refletir sobre isso, e ao começar a dar voz às crianças e permitir uma escuta mais sensível dessas vozes, aqui ela inicia um deslocamento, saindo do lugar-comum rumo ao diálogo.

Outro momento significativo na experiência filosófica que me convidou à criação de outra maneira de experimentar, pensar e ser na escola foi a vivência (leitura) de um texto. Mas como é possível a leitura de um texto nos abrir para outros lugares? O texto não é um material didático que tem transitado nas escolas desde sua criação e como base do aprendizado? O material básico da escola não é o texto? Então como é possível algo que faz parte do cotidiano escolar nos trazer um filosofar transformador?

Basicamente, tenho alfabetizado os alunos pensando que, ao terem acesso ao mundo da escrita, eles terão a possibilidades de participar desse mundo. Todavia, quais os textos que estamos acostumados a utilizar para que isso se concretize?

Normalmente busco auxílio de quaisquer textos contidos nos livros didáticos. Eles têm me ajudado no planejamento e desenvolvimento das aulas. Além do mais, as crianças, ao levá-los para casa, estão tendo a oportunidade de também levar os textos selecionados pelos professores da escola, contribuindo assim com o exercício do conhecimento da leitura e da escrita. Os textos escritos são utilizados na escola não somente para favorecer a apropriação pelos alunos para eles poderem participar do mundo da escrita mas também para acessarem os conteúdos acumulados pela sociedade transmitidos pela escola. E estes são determinados pelos programas educacionais elaborados pelos governantes. Então, mesmo tendo certa autonomia de trabalho na sala de aula, e podendo desenvolver na prática pedagógica um trabalho diversificado com variados tipos de textos, acabo priorizando os textos escritos. Qualquer texto escrito. Mas o que isso tem a ver com os textos do pensar filosófico?

Com as experiências filosóficas fui convidada a me perguntar sobre o texto escrito e outras possibilidades de textos: O que é um texto? Para que de fato ele serve? Qual é a minha relação com o texto? Somente a de reprodutora de um saber já contido no texto? Até que ponto um texto pode me afetar? Que força pode ter um texto? Todos os textos cumprem a mesma função? Todos os textos têm a mesma potência? Qualquer texto nos convida a pensar? Que texto nos abre para uma experiência/sentido?

No relato a seguir percebe-se a presença dessas inquietudes diante da escolha de um texto que abrisse para o pensar filosófico e que ajudasse a pensar também em minhas inquietudes diante do texto:

> Tivemos alguns cursos, reuniões e também algumas experiências com alunos coordenadas pelo pessoal do NEFI que nos deram noções de como desenvolver o projeto. Tudo era muito novo e complicado. Comecei então a realizar as experiências com minha turma. Éramos acompanhados pela Fabiana Olarieta da equipe do NEFI e pelas professoras bolsistas Simone e Aline, que se revezavam semanalmente. Era uma turma de 4º ano (antiga 3ª série), e as crianças pareciam gostar muito dos encontros. Eu tinha muita dificuldade de escolher textos para usar e também estava muito presa a conceitos e atitudes didáticas. Fabiana, a cada reunião de planejamento que acontecia após a experiência, tentava me orientar em pontos que destacava como negativos e também procurava me incentivar nas coisas que iam dando certo (professora Cristina).

Podemos perceber nesse depoimento a relação didática que tínhamos com o texto e a dificuldade de nos libertar das certezas e concepções didático-pedagógicas que acreditávamos que um texto simplesmente possuía. Foi então que todas estas inquietudes surgidas diante da escolha de um texto me levaram a um movimento de saída da zona de conforto do uso mecanicista do texto e seus exercícios estéreis de interpretação e aprendizado gramatical, em busca de outras maneiras de experimentar, pensar e ser com um texto de fato potente. Mas não poderia ser qualquer texto. Havia a tarefa de garimpar um texto que me afetasse primeiro, para que eu pudesse ser de fato verdadeira diante das crianças, apresentando algo que me tocou e perceber que durante muito tempo

> Esquecemo-nos de que somos todos seres em formação e nos agarramos à aplicação de métodos e às receitas que nos são vendidas como milagrosas – atitudes típicas de uma racionalidade instrumental que valoriza os meios e descarta a reflexão sobre os fins, sobre a finalidade. Em uma sociedade que valoriza o produto em todos os sentidos, é preciso resistir para que entendamos que vivemos em processo. Eis uma enorme contribuição que a filosofia e também a arte são capazes de dar à educação.
>
> Tanto a filosofia como a arte buscam a ruptura e o novo; é um modo de buscar sentido que se encontra na exterioridade e no desconhecido. Quando abdicam de qualquer pretensão de completude ou de posse de certezas ou de verdades, ambas mostram seu caráter emancipador; uma liberdade singela e despretensiosa. O diálogo entre iguais é uma espécie de pressuposto natural nestes dois campos – ele ocorre tanto no "silêncio" da arte quanto no "barulho" da filosofia, ambas distanciam-se do autoritarismo e aproximam-se da autoria quando tomam o outro como capazes de ser igualmente produtor de sentido (OLIVEIRA, 2004, p. 13).

Daí surgiu a possibilidade de uma abertura não somente para os textos escritos, mas também para outras dimensões do texto, pois nas orientações dos encontros de formação do NEFI encontramos um fragmento de texto potente que nos ajuda a pensar com cuidado a questão:

> Só pensamos quando algo, como um texto, força o pensamento. Os textos podem ser escritos, narrativos ou poéticos,

também imagéticos, dramatizações corporais, audiovisuais ou informáticos. Podem ajudar a exercitar diversas formas de expressão e experimentação, de leitura participativa, dramática etc. Os textos serão sensíveis à capacidade dos participantes, mas também potenciarão essa capacidade. Não serão dogmáticos, moralizantes ou pobremente escritos. Terá beleza, enigma, força. (NEFI, 2009 p. 83)

Outro elemento foi o desafio da "problematização do texto", pois era preciso que o encontro com o texto nos desafiasse a levantar questões que convidassem a mim mesma e aos meus alunos e alunas ao diálogo.

Mas como problematizar um texto? O que significa problematizar? Por que problematizar um texto? Que potência há na problematização do texto? O que é problematizar? Que tipo de problematização dá força ao pensamento? O que é problema? Qual a diferença entre problematizar e interpretar um texto?

Na escola fazia uso da problematização como estratégia para ensinar os alunos e as alunas a buscarem, através do raciocínio, soluções e respostas de situações apresentadas na escola e no mundo. Essa maneira de lidar com a problematização está mais inclinada à busca de respostas de algo já sabido e ou preconcebido, não havendo, então, o despertar da curiosidade e o desejo de lançar-se ao desconhecido para tentar desvendá-lo. O uso da problematização na escola está mais voltado para a resolução de problemas matemáticos. Todavia, os conhecidos "probleminhas da matemática", além de se apresentarem como exercícios repetitivos, focando apenas as quatro operações, são retirados dos livros didáticos, não possibilitando a elaboração de novas situações-problema relacionadas com a vida dos alunos e alunas que permitam um *espaço-tempo* legítimo do pensamento imaginativo, criativo.

E mais uma vez fazendo coro com Paula Ramos de Oliveira, dizemos que

> Como professores temos ensinado muito mais a reprodução de conhecimento do que permitido a produção de sentidos.

Uma imagem possível para ilustrar essa afirmação seria a do professor como autor de um livro que é entregue ao aluno na aula... pronto. Do mesmo modo que dialogamos com um texto. Com um livro, o aluno também pode estabelecer diálogo com o professor, mas, em geral, quase não há espaço para a produção de um discurso que não esteja ao redor do que o professor "explicou" como verdade. Como professores afirmamos o desejo de que nossos alunos tenham uma postura crítica e reflexiva, que aprendam a pensar em nossas aulas e a partir delas, mas não temos permitido um espaço para que tal ocorra nem para eles e nem para nós, uma vez que também nos excluímos do processo de investigação e de problematização do conhecimento (p. 14-15).

Nas experiências filosóficas, especialmente no planejamento, essa problematização do texto se dá através do levantamento de perguntas ligadas ao tema e que me sejam enigmáticas nesse texto. Para problematizar um texto, eu tinha que saber o que de fato me inquieta e me convida a pensar em tal texto. E para me convidar a dialogar com o texto e convidar as crianças e os adultos a dialogarem, também precisava perguntar, ou melhor, perguntar-me, ou seja, não apenas fazer perguntas externas, mas me colocar dentro da pergunta. A experiência filosófica só faria verdadeiramente sentido se o texto provocasse, primeiramente em mim, o desafio do encontro com o enigmático que nele estava presente, e para isso era necessário problematizá-lo abrindo esse caminho via uma pergunta que me tocasse.

O artigo do argentino Santiago Kovadloff, intitulado "O que significa perguntar?", do jornal *Clarín*, de Buenos Aires, de 16 de outubro de 1990, um dos textos do *Caderno de Materiais* do NEFI, traz um argumento interessante e provocador sobre o significado da pergunta:

> Sim, perguntar é atrever-se ao que ainda não se sabe, ao que ainda ninguém sabe. Perguntar é atrever-se a carregar com a solidão criadora daquele viajante que imortalizou o poeta Machado: "Caminhante não há caminho, faz-se ca-

minho ao andar". Acontece que as perguntas serão sempre teimosamente pessoais ou não serão autênticas perguntas. Perguntar não é andar por aí formulando interrogações, mas submergir-se de corpo inteiro numa experiência vertiginosa. As perguntas se são perguntas abarcam a identidade de quem as coloca, ainda que não resultem, em sentido estrito, perguntas autobiográficas. Precisamos, por causa desse férreo caráter pessoal e intransferível da pergunta, por seu caráter indelegável, que a resposta requerida não esteja constituída com anterioridade à formulação da pergunta. Cada qual deve responder à sua maneira, assim como não pode perguntar mais do que à sua maneira.

No autêntico perguntar naufraga as certezas, o mundo perde pé, sua origem desequilibra-se, e a intensidade do polêmico e conflituoso volta a ter preponderância sobre a harmonia de toda síntese alcançada e o manso equilíbrio do já configurado.

Conta Joan Corominas, em seu cativante dicionário, que a expressão latina *percontari*, da qual vem nosso perguntar, viu-se alterada num processo de mudança para a língua castelhana, pelo verbo de uso vulgar *praecunctare*, derivado de *cunetari* que significa duvidar ou vacilar. A referência etimológica ganha todo seu peso quando se adverte que percontari enfatiza, no ato de perguntar, a decisão de conhecer ou de procurar algo que se sabe oculto ou dissimulado. Por sua vez, *preaecunctare* sublinha a incerteza, o tatear que se apodera daquele que pergunta. E, efetivamente, no ato de perguntar a realidade reconquista aquele aspeto ambíguo, obscuro, que a resposta clausura e nega. Depois de tudo, resposta provém de *responsio*, e responso é a oração dedicada aos defuntos, quer dizer, com critério mais amplo, ao que já não vive (NEFI, 2009, p. 58)

Era esse tipo de discussão e essa forma de abordagem sobre esse elemento da experiência filosófica que perpassava nos encontros de formação, planejamento e avaliação do projeto semanalmente na escola e quinzenalmente na universidade.

Outro elemento que me convidou a sair do lugar-comum, nos fazendo (re)pensar nossa prática e que compunha a experiência do pensar, foi o "diálogo".

O diálogo ocupava a maior parte das experiências e, através dele, se garantia a manutenção por um tempo significativo de discussão igualitária, na qual todos ocupavam a mesma posição de voz e de escuta, ou então seria dissipado com a dominante voz do professor e as tímidas respostas dos alunos que tentavam me agradar respondendo o que queria ouvir.

No material dos encontros de formação e detalhamento do projeto (NEFI, 2009, p. 83) encontramos as seguintes orientações:

> Espera-se uma prática dialogada em que os participantes troquem ideias e argumentos, levando em consideração o exame dos pressupostos e conseqüências deles. A discussão filosófica é a terra dos "porquês". A docente não é o centro pelo qual se passam todas as questões. Ela propicia uma participação ampla e partilhada, cuida que a discussão não perca foco, gera as condições para o diálogo colaborativo. Nesta instância tem-se especial cuidado em considerar que o que está em jogo não são só as idéias, mas também a maneira de tratá-las. O conteúdo do que se discute está estreitamente ligado ao modo como se discute. Considera-se aqui a maneira em que a palavra circula o lugar que o grupo e cada um faz para ouvir o que os outros têm para dizer, a possibilidade dos pensamentos não sejam acompanhados apenas por palavras, mas também por silêncios, gestos ou outras linguagens.

Meu papel seria o de propiciar que todos os participantes experimentassem um "espaço-tempo" de igualdade. Aluno e professor pensando o impensável, juntos, num mesmo nível, sem hierarquias, na mesma altura... Dialogando juntos... Palavras, gestos, silêncios e outras linguagens sendo circuladas igualmente. Neste momento não havia a possibilidade de apenas um narrador com seu monólogo, com seu suposto saber transmitido aos demais presentes, mas "espaço-tempo" do pensar igualmente compartilhado entre todos. Esse elemento me causou muitos sons dissonantes, isto é, muitos questionamentos sobre o lugar que o professor e o aluno ocupam na escola/sala de aula. Para que ocorresse o diálogo era necessário que eu, a professora, e os alunos rompêssemos com a postura daquele que ensina e daquele que aprende sem negar o que somos. Mas como isso seria possível? Fui formada de maneira a me acostumar a ter a palavra, a verdade, o conhecimento a ser transmitido, e os alunos são incentivados a receber essa transmissão concentrados silenciosamente para não atrapalhar seu aprendizado e o nosso ensino. Nesta relação, a lógica explicadora (RANCIÈRE, 2002) na escola/sala de aula está centrada no professor que detém o conhecimento dos conteúdos curriculares que estão programados para serem transmitidos e reproduzidos.

Estamos constantemente estudando textos na escola sobre o tema da educação dialógica (FREIRE, 1994), tendo em vista a possibilidade do diálogo como o fio condutor de nossa prática pedagógica. Todavia, na prática, no dia a dia da sala de aula, nos afastamos dessas discussões e tentamos cumprir os programas através da narrativa unilateral tentando garantir um "bom aprendizado". Essa preocupação se apoia na ideia de que para que os alunos de fato aprendam ou compreendam a matéria, se faz necessário que o professor explique-os, e, para que ocorra o aprendizado, os alunos têm a tarefa de memorizar tais conteúdos. Para colocar em questão a ideia de que o professor deve tomar posse da palavra e se constituir em narrador central da sala de aula, precisamos relacionar esse suposto à concepção que entende a infância como ausência de pensamento, que necessita do professor para preenchê-la com seu suposto saber.

A etimologia do termo "infância" deriva do latim "infans", cujo significado é "sem linguagem". Se considerarmos que a linguagem é o lugar em que se dá o pensamento, podemos, então, concluir que a infância é compreendida como "sem pensamento". Essa ausência de pensamento, de conhecimento e de racionalidade, associada à infância, pode ser encontrada em Platão, que tem uma significativa contribuição no desenvolvimento da filosofia da educação. Para Platão, a infância era compreendida como a primeira etapa da vida e valorizada por ter consequências importantes na fase adulta.

Segundo Kohan (2005b), não havia na Grécia Antiga, nem mesmo no mundo greco-romano, um termo abstrato que designasse uma idade específica das crianças que se referisse à infância. Contudo, a ausência dessa palavra em Platão não significa que ele não tenha pensado na infância. Para tentar compreender o conceito platônico de infância, seguirei o esquema proposto por Kohan (2005b), que analisa quatro marcas interligadas desse conceito: a infância como possibilidade; a infância como inferioridade; a infância como outro desprezado; a infância como material da política.

A primeira marca apresenta a infância como possibilidade de modelar o ser humano através da educação, com conhecimentos necessários para formar bons cidadãos. Essa ideia, em que as crianças são pensadas a partir do que virão a ser, está presente na educação até o momento. Nela, as crianças são consideradas seres incompletos, inacabados, que precisam receber uma forma e serem moldadas segundo nossos objetivos. Aqui podemos perceber que essa marca oculta a ideia de as crianças serem tudo no futuro e um nada no presente.

Na segunda marca, infância como inferioridade, as crianças são compreendidas como seres incapazes, irracionais, limitados no saber, figuras do vazio e da ausência, seres impetuosos e inquietos que deveriam ser conduzidos à harmonia e ao ritmo dos adultos.

A terceira compreende a infância como o "outro desprezado", excluído da pólis por não compartilhar a experiência social dos assuntos públicos.

A quarta e última marca trata da infância como material da política, pois Platão insere a infância numa problemática política que engendra toda a discussão da criação e educação das crianças, pois elas representavam o futuro da pólis, sendo sua educação planejada cuidadosamente com o propósito de ajustá-las ao ideal de cidade em construção.

Assim, vemos em Platão noções de infância que têm influenciado fortemente a escola da atualidade, construindo a ideia de aluno como um ser infantil, incompleto, inacabado, limitado no saber, que necessita dos conhecimentos escolares para garantir sua cidadania e participação integral da sociedade.

A escola concebe seus alunos como seres excluídos do pensar como potência e alteridade, seres que necessitam do professor que os acolhe e ensina. Percebemos que, nessa concepção do diálogo, ainda que pensado como estratégia de "ensino-aprendizagem", a figura central da palavra é o professor, que supostamente detém o saber necessário para preencher a também suposta ausência de saber dos alunos. No entanto, as experiências filosóficas me fizeram ver e fazer o contrário. Ocupar o lugar de ouvinte e considerar que os alunos têm algo a dizer sobre o que estão pensando, e considerar que este pensar contribui também para o meu aprendizado. Acabo por romper com a estrutura hierárquica daquele que sabe em relação ao que não sabe.

O diálogo na experiência filosófica só é possível quando todos que dela participam estão diante de um não saber e, juntos, buscam o desconhecido de si e dos outros no exercício de experimentar com, e pensar com, e ser com, e criar com...

O último elemento que compõe uma experiência filosófica e que possibilita a abertura para outros exercícios de pensamento é o momento para recuperar os elementos conceituais e relacionais principais e continuar pensando o tema. Com ele resgatamos o que já foi pensado, problematizado, perguntado, dito e não dito sobre o tema e também como se deu a circulação da palavra, contribuindo para coletivamente construir as regras da comunidade de investigação filosófica de que estamos participando. Neste momento podemos destacar e recuperar algumas dimensões da experiência e também nos abrirmos para orientações sobre o exercício do pensar.

Experiência filosófica na escola: convite à morte como devir

A dimensão da experiência do pensamento na proposta do projeto de filosofia com crianças no município de Duque de Caxias (RJ) não está vinculada àquela no sentido positivista do "experimento", mas a uma experiência autêntica, como estabelecido no seu significado etimológico de uma viagem que atravessa uma vida, um caminho ou percurso com possíveis encontros e desencontros singulares (KOHAN; LEAL; TEIXEIRA, [orgs.] 2000, p. 31), uma experiência do pensar filosófico que tem uma dimensão de incerteza, imprevisível e irrepetível, não tendo a pretensão de ser um método educativo aplicável com a espera de um resultado. Também não é qualquer coisa em que vale-tudo. É uma atividade específica, singular, criativa de pensar o impensável, o impossível, onde nós, sujeitos participantes da escola, corremos os riscos de nos aventurarmos a nos pôr em questão sendo convidados a experimentar, a pensar e a ser de outra maneira em relação ao que temos sido até agora, trazendo transformação e autotransformação para os sujeitos participantes e, quem sabe, para a própria instituição.

Tenho costumado dizer que a experiência filosófica do pensamento que venho desenvolvendo na escola com o projeto me afetou profundamente como professora. É algo tão denso, tão potente, que busquei descrever essa experiência do pensamento como morte para a vida.

O encontro com um novo olhar para pensar sobre mim mesma como professora e como pessoa se deu pelo encontro com filosofia, não com a história da filosofia, e sim com uma filosofia como diagnóstico do presente, do deslocamento, da transformação do pensamento, da experiência do pensar modificando valores recebidos e todo o trabalho que me fez pensar de outra maneira, diferenciando o que estou sendo do que posso vir a ser.

Assim me ponho a pensar sobre essa viagem em que embarquei, nesta experiência do pensar como morte simbólica de mim mesma como um sujeito em constante movimento e transformação, na tessitura de outros devires, como professora e pessoa.

A imagem que me vem quando penso a morte simbólica como experiência, como acontecimento, como um devir, é o processo de metamorfose que passa a lagarta de sua condição estática para forma de borboleta, ganhando através do seu voo o acesso a outros espaços/lugares/mundos. Essa transformação representa para mim morte em vida, o vislumbrar de possibilidades de novos começos pela experiência no sentido mais pleno possível, para mudar a mim mesma e não pensar a mesma coisa que pensava antes...

Aqui me atrevo a uma nova forma de pensar a morte, morte simbólica de si, mas não como algo que vem após a vida material, física, ou mesmo após a existência pensada por alguns filósofos da história ocidental. Muito menos, pensar a morte nos rituais melancólicos das cerimônias do adeus ao(s) outro(s), na vida cotidiana. Não que esteja desconsiderando essas formas de pensar historicamente construídas e vividas. Todavia, desejo pensar a morte como uma experiência, um devir, movimento de transformação que tenho constantemente necessitado viver, sentir, ser, pensar e agora escrever, perseguindo novos inícios, possibilitados pela morte da maneira em que tenho sido professora: o filosofar possibilita assim o acontecimento, o nascimento, a criação de um novo modo de ser professora!

Então, não encerro, mas faço um convite à experiência do pensar como devir, abrindo a possibilidade para novos começos em nós mesmos...

Capítulo III

> *Para mim a filosofia mudou a minha vida e o modo de pensar. Depois que eu comecei a fazer filosofia, eu descobri pensamentos diferentes dos que eu costumava pensar. Eu descobri muitas coisas. Antes eu usava o pensamento de uma forma para eu estudar. Depois de começar a fazer as experiências filosóficas meu pensamento pareceu mais desenvolvido. Antes, se alguém fizesse uma pergunta, eu respondia de um jeito. Agora, se fizerem a mesma pergunta, eu vou responder de outra maneira. A filosofia não só mudou meu modo de pensar mas também minha vida particular, porque eu agora vejo as coisas de outra forma.*

Arthur Henrique de Souza Brasil

Das coisas maravilhosas.
O cuidado do tempo na
prática de filosofar na escola

Beatriz Fabiana Olarieta[1]

> Nosso mundo é implacável,
> mas abunda em coisas maravilhosas.
>
> ADOLFO BIOY CASARES

Em seu livro *De las cosas maravillosas* (1999), Bioy Casares afirma o que serve de epígrafe a este trabalho. Em uma passagem desse texto, o autor reflete sobre o sentido de sua obra: "[...] um possível sentido para meus escritos seria o de comunicar ao leitor o encanto das coisas que me levam a querer a vida e a sentir preguiça e até pena de que possa chegar a hora de abandoná-la para sempre" (p. 80). Mas logo duvida ser capaz de comunicar esse encanto por causa de seu afã de lucidez – que o leva a descobrir o lado absurdo das coisas – e seu afã de veracidade, que o impede de calá-lo.

Embora sua lucidez o faça deparar com o absurdo do mundo, Bioy encontra nele o sentido de sua escrita porque, paradoxalmente, é nesse mesmo mundo inexorável, não em outro, que se encontram em abundância coisas maravilhosas.

Da instigação que produz essa dimensão maravilhosa do mundo, da inquietação pela lembrança dos momentos em que ela ganha força e se torna fugazmente evidente, da consideração

---

[1] Mestre em educação e doutoranda em educação pela UERJ. Cocoordenadora do projeto "Em Caxias, a filosofia en-caixa?" E-mail: olarietaf@hotmail.com.

da possibilidade de que essa evidência (ou, pelo menos, suas pegadas) possa ser compartilhada é que nasce este trabalho.

Na prática de filosofia com crianças costuma-se assinalar a importância de criar um grupo que ofereça segurança aos que o integram para garantir um espaço no qual seja possível falar, discutir ideias, errar, concordar, discordar. Esse lugar seguro abrange várias dimensões, que vão desde o propriamente cognitivo e epistemológico até aspectos do tipo emocional e, inclusive, político (KENNEDY, 1997). Criar e cuidar desse lugar seguro são tarefas de todos os integrantes do grupo.

Partindo da experiência de acompanhar, durante três anos, experiências filosóficas de um grupo de crianças da Escola Municipal Joaquim da Silva Peçanha, colocamos aqui a possibilidade de considerar a dimensão temporal como uma dimensão que envolve e atravessa o exercício de pensar com outros. É um tempo diferente do tempo ordinário o que irrompe na experiência de filosofar. Quando esse tempo se faz presente ele deve ser cuidado, porque é frágil e porque é ele que abre a possibilidade de sacudir de nosso olhar o hábito que nos leva a enxergar sempre o mesmo.

Primeiro, um breve relato da trajetória dessa turma e de sua professora. Em 2008 a professora Flávia da turma 401 decide começar a realizar com seus alunos experiências de filosofia. O grupo era numeroso. A sala que havia sido ambientada para as tarefas do projeto, da qual se haviam retirado as mesas e as cadeiras escolares e na qual se haviam colocado pufes coloridos, mal dava para fazer um círculo apertado com os 32 corpos das crianças e os dois corpos adultos (o de Flávia e o meu). Realizávamos o encontro com as crianças e depois ficávamos com as professoras desse turno, que também participavam do projeto, para conversar sobre o acontecido, para repensar o vivenciado. Nesses encontros Flávia várias vezes manifestava seu desconforto pelo fato de sentir que nossas conversas com a turma não conduziam a nenhuma parte. Falávamos bastante sobre isso. Embora esse incômodo não desaparecesse, ela continuava tentando, planejando, buscando alternativas. Os alunos pareciam não estar preocupados. Gostavam das "aulas de filosofia", como as chamavam, e o manifestavam claramente.

No ano seguinte, Flávia teve que mudar de turno de trabalho, e a turma continuou com outra professora que não formava parte do projeto de filosofia. Em consequência, como um dos princípios que sustentamos pretende quebrar a divisão entre supostos especialistas e professoras da escola que aplicam os métodos e seguem as instruções que estes lhe passam, essa turma não poderia continuar participando. Todos ficamos muito penalizados com a situação, mas nos resignamos. As que não se resignaram foram as crianças, que, cada vez que viam alguém do projeto, pediam para continuar o que tinham começado.

Ante essa demanda, e com apoio da direção e da nova professora, decidimos reconstituir as condições do ano anterior. Flávia (fora de seu horário de trabalho) voltaria a coordenar as experiências de filosofia, e, do NEFI, eu continuaria acompanhando o trabalho. Conseguimos retomar as atividades quando o ciclo escolar já estava bastante avançado.

No ano de 2010 a situação continuou se complicando. As crianças já estavam no sexto ano de escolaridade. Muitas saíram da escola e as que ficaram passaram a ter vários professores, dos quais nenhum fazia parte do trabalho com filosofia que vinha sendo desenvolvido na escola. Aliás, o grupo tinha sido dividido em duas turmas nas quais se misturavam alunos do grupo com o qual já trabalhávamos há dois anos com outros alunos que, tal como seus professores, desconheciam o projeto. Essa condição, definitivamente, parecia insuperável. Mas as crianças também não se deram por vencidas. Continuaram pedindo as "aulas de filosofia". Flávia e eu estávamos dispostas a continuar, mas foi impossível achar simultaneamente nas duas turmas um tempo vago dentro da grade. A única opção que conseguimos foi um horário depois de terminada a jornada escolar. As crianças aceitaram entusiasmadas. Nos dias de nossos encontros uma das turmas saía um pouquinho antes e ficava esperando os colegas da outra turma para poder começar. Tínhamos em cada encontro uma média de 15 crianças se aproximando vertiginosamente da adolescência, mas conservando a mesma alegria infantil pelo espaço conquistado. Por que essa insistência? Por que a obstinação em não renunciar ao momento das "aulas de filosofia"?

Creio achar parte da resposta a essas perguntas em uma conversa que aconteceu nos primeiros encontros desse já passado 2009, quando Flávia e eu voltamos a acompanhar a turma depois dos reiterados pedidos das crianças para retomar o trabalho. A resposta não aparece em forma direta, mas sim na voz de algumas crianças como resposta a outra questão colocada por elas.

Nessa ocasião, no meio de uma discussão alguém perguntou: "O que é a filosofia?". Sabemos que muitas das questões que surgem nos encontros passam sem que ninguém as pegue; às vezes, mesmo diante da insistência de quem formulou uma pergunta, o grupo resiste a ela. Mas esta pergunta pela filosofia rapidamente deixou de ser a pergunta dessa criança para se transformar em uma questão da turma. As crianças começaram a explorar o que é filosofia a partir da própria vivência de ter sido parte desse ritual durante todo um ano, no qual aqueles que se encontravam durante quatro horas de segunda a sexta na sala de aula dirigiam-se à sala de filosofia por uma hora semanal. Ritual que agora tinham conseguido retomar. A seguir, um pequeno extrato do que disseram:

MATHEUS diz: *Aqui na filosofia a gente aprende e se diverte.*
Pergunto-lhe: *E na sala de aula, você não aprende?*
Responde: *Na sala de aula a gente aprende a passar de série estudando. Aqui* [se refere ao encontro de filosofia] *a gente aprende a discutir, vai sabendo mais coisas, vai fazendo mais perguntas.*

DIOGO, que participa há só três encontros, arrisca sua definição: *É uma aula de conversa que a gente aprende mais. A gente está com uma dúvida e pergunta para o outro, e vão crescendo as dúvidas e as respostas.*

PAULO não se conforma: *Não é só aula de perguntas e respostas. A gente se diverte, desenha, pinta. Enquanto a gente vai fazendo isso as perguntas vão aumentando.*

WESLEY completa: *As perguntas saem de nossa mente. A gente vai tirando as dúvidas da cabeça.*

Segundo **RICARDO**: *A filosofia é uma conversação na que chegamos ao ponto das perguntas.*

FLÁVIA questiona: *Que significa "chegar ao ponto de uma pergunta"?*

MATHEUS não dá tempo a **DIOGO** de responder e arrisca: *É esclarecer dúvidas.*

WESLEY reformula: *Quando vão vindo mais dúvidas.*

E **RICARDO**, que cunhou a expressão, finalmente responde: *Que é mais fácil julgar as perguntas que a gente tem na cabeça. Aqui há gente me ajudando a chegar ao ponto da minha pergunta.*

FLÁVIA pergunta: *E que seria julgar as perguntas?*

Julgar – diz **RICARDO** – *é pensar mais fácil com a pergunta. Se todo o mundo concordar, já chegamos ao ponto dessa pergunta.*

WESLEY não se conforma: *Não. Julgar é esclarecer as perguntas, discutir sobre elas.*

Para **YASMIN**: *É aprender a esclarecer as perguntas que a gente tem e não sabe.*

RODRIGO arrisca sua definição: *A aula de filosofia é um bate-papo, que as pessoas ficam conversando.*

GABRIEL se interessa pela ideia: *É como um bate-papo no MSN, que as pessoas ficam conversando.*

ARTHUR traz uma comparação que lhe parece mais adequada: *A filosofia se parece com o recreio. É nosso recreio. Só que aqui a gente faz perguntas e no recreio a gente conversa por nada.*

MATHEUS fica pensando na intervenção de **GABRIEL** e diz: *Eu acho que [a filosofia] é diferente do MSN. Lá a gente fala de futebol, de garotas... e aqui a gente está aprendendo a esclarecer nossas dúvidas. Os assuntos são diferentes. Alguém não vai perguntar no MSN "por que a água é azul?!". Aqui a gente aprende coisas que nem imaginava. Por exemplo, se estou na minha casa olhando pro céu à noite, e vejo uma estrela cadente e me pergunto "por que há estrelas cadentes?", onde acham vocês que vou esclarecer minha pergunta? Na sala de aula? Não! Em minha casa? Não! No MSN? Não!* (levanta os ombros e faz um gesto com as mãos como se fosse evidente que essa pergunta é para este espaço)!

WESLEY não está tão de acordo: *Eu acho que poderia sentar e fazer filosofia com minha avó, mas seríamos só dois, e não pode! E no MSN também se poderia. A gente poderia fazer um MSN de filosofia e colocar nossas perguntas para respondê-las!* [Alguns colegas assentem com a cabeça, falam entre eles e parecem entusiasmados com a idéia].

ESTHER, que esperava sua vez para comentar a afirmação de **ARTHUR**, diz: *Eu acho que a filosofia não tem nada a ver com o recreio, porque no recreio a gente não conversa assim.*

PAULO assente e marca sua diferença: *Eu acho que aqui os outros me ajudam a pensar. Eu penso melhor com os outros.*

FELIPE intervém: *Eu quero perguntar a **MATHEUS** se para ele é possível fazer essas perguntas que ele diz na aula normal.*

A resposta é rotunda: *Não. Não há como fazer perguntas lá. Lá tem que falar. As perguntas são sobre os deveres, para ver se entendi o que há que fazer. Lá pergunto e me informo. Aqui pergunto sobre o que pensamos.*

Para **SEBASTIÃO** o que marca a diferença é que: *Aqui a gente relaxa, pensa, tira as dúvidas. Saímos daqui e não nos relaxamos mais.*

PAULO acrescenta: *Aqui é o momento em que só dialogamos. Não há ninguém interferindo.*

Peço um esclarecimento a **PAULO**: *Por que diz que não há ninguém interferindo, se é a mesma professora da turma a que fazia filosofia com vocês no ano passado e o grupo de colegas era o mesmo tanto aqui quanto na sala de aula? Aqui há outras pessoas que não estão na sala de aula. Em todo caso, poderíamos pensar que aqui há algo que lá não há e que isso que se acrescenta poderia interferir, não ao contrário. Como você pensa a questão? O que é que interfere na sala de aula que aqui não interfere se somos praticamente os mesmos?*

RICARDO responde, tomando para si a pergunta: *Lá temos que pesquisar, copiar do quadro, fazer tarefas, fazer contas ....*

PAULO assente com a cabeça e não acrescenta nada mais às interferências que **RICARDO** mencionou. Limita-se a afirmar: *Aqui podemos falar de verdade, sem nada interferindo.*

WESLEY insiste com a comparação com a sala de aula: *Aprendemos mais coisas que na sala. Aqui temos tempo livre para falar e pensar. É muito interessante ter perguntas e ficar com dúvidas.*

Chama a atenção como nessa conversa entre as crianças abundam expressões que têm a ver com o tempo e o espaço, quando tentam pensar o que é que caracteriza um encontro de filosofia. Percebem esse momento como um tempo e um espaço diferentes: diferente do tempo de aula, do tempo do *chat*, do tempo com a família. Um tempo que se aproxima em algo ao tempo do recreio ou a um tempo livre, a um tempo sem interferências, sem estorvos.

A filosofia para elas toma corpo em uma conversação coletiva que se inscreve em um tempo percebido como um tempo fora do ordinário, um tempo que poderíamos pensar como um tempo extraordinário, fora do habitual (talvez por isso tenha algo parecido com o recreio) e que gera um tipo de comunicação distinta, ou melhor, uma forma que lhes permite se inscrever, explorar o que lhes acontece, o que as inquieta, o que as afeta, o que pensam, o que são. As crianças fazem filosofia na escola, mas o momento da filosofia parece alterar o tempo habitual da instituição e a forma de habitá-lo.

O tempo da escola, desde uma perspectiva tradicional, é um tempo linear e mensurável. Ali as crianças são classificadas de acordo com sua idade e distribuídas em espaços diferentes, nos quais deverão desenvolver ou apropriar-se de uma série de habilidades e conhecimentos ordenados uniformemente ao longo de um período e que lhes permitirão passar de ano, avançar ao momento seguinte e imediatamente superior. A vida escolar tradicional, pela necessidade de organizar o tempo e o espaço da instituição e de quem por ela transita, muitas vezes acaba empobrecendo a experiência, reduzindo-a ao acontecimento do já previsto. As crianças e os próprios professores deverão se adequar aos tempos e conteúdos já planejados, pensados por outros, para que eles se interessem, nesse momento de suas vidas.

Povoam o dicionário escolar palavras como planejamento, objetivos, projeto, conquistas, repetência, avançado, atrasado, deveres, provas, notas, sucesso, fracasso. Na escola o tempo avança ou atrasa, os conhecimentos se acumulam ou se perdem, se esquecem. Nessa lógica, quem faz as perguntas é a professora, para testar os saberes adquiridos, e, às vezes, o aluno, para verificar se compreendeu bem o comando do trabalho ou os conteúdos que lhe estão sendo apresentados e dos quais deverá dar conta. É difícil inscrever, nessa forma de relacionar-se com o tempo, a própria experiência do mundo e trabalhar sobre ela. E é isso o que Matheus distingue. À sala de aula ele não pode levar "suas" perguntas porque, como ele mesmo diz, lá só se pergunta para se informar ou para entender o que se deve fazer, mas as perguntas que ele se faz, aquelas que o inquietam, essas que lhe aparecem à noite quando contempla o céu, não se satisfazem com a informação. É interessante notar como essa lógica escolar em muitas ocasiões está além das pessoas particulares que a habitam. No caso a que estamos fazendo referência é a mesma professora da turma quem coordenava os encontros de filosofia que tinham acontecido durante todo um ano. É com ela e com seus colegas que Matheus está conversando sobre as diferenças que ele percebe entre a sala de aula e os encontros de filosofia. O mesmo grupo de crianças e a mesma professora funcionam de um jeito diferente quando se afastam, por um momento, de uma forma de lidar com a realidade em termos de conteúdos e objetivos, fracassos e sucessos, avanços e regressões e números que quantificam a experiência.

Nos encontros de filosofia as crianças distinguem que a lógica é outra. Enquanto na sala de aula perguntamos para nos informar, aqui, nas palavras delas, podem fazer "essas perguntas que temos". Tais perguntas não podem ser feitas nem na sala de aula, nem na família, nem no *chat*, nem no recreio. É interessante ver os espaços que elas espontaneamente comparam com a filosofia: a sala de aula, a família, o *chat* e o recreio. Alguns são percebidos como radicalmente diferentes, como é o caso da sala de aula, um tempo e um espaço sobredeterminados, nos quais tudo está codificado em termos de transmissão de conhecimentos. Ninguém colocou em dúvida que as perguntas e a conversação – que elas insistem em mencionar como duas características fundamentais da filosofia –, na sala de aula, adquirem outra natureza, que não permite às crianças reconhecerem-se nelas. A família, para Matheus, parece estar na mesma condição que a sala de aula. Não é assim para Wesley, que intui que com sua avó poderia conversar do mesmo modo e sobre as mesmas coisas que em nossas experiências; o problema para ele é que faltaria gente. A filosofia se faz com perguntas, se faz conversando e se faz com outros, com muitos. Só com uma pessoa, para ele é inconcebível. Tanto que lhe parece mais importante a intervenção de várias pessoas no exercício de formular perguntas e conversar sobre elas do que a presença física delas. Mantendo essas condições, até o MSN poderia adquirir um caráter filosófico. Matheus chama a atenção sobre uma diferença que se dá entre nossas conversações e as do MSN. Essas parecem tratar sobre assuntos corriqueiros: as garotas e o futebol, por exemplo. As nossas, parecem ser o espaço mais adequado para formular em voz alta as perguntas que faz a si mesmo. O recreio parece ter algo do tempo da filosofia. Ali se conversa sem interferências de tarefas e demandas escolares, mas se conversa de outra forma, que não chega a tornar filosófico o que se diz, segundo colocam Arthur e Esther.

O que é que se produz, então, nos encontros de filosofia, que os torna um espaço e um tempo diferentes dos outros pelos quais transitam essas crianças? As perguntas parecem ter um lugar central, mas, segundo é sugerido, não qualquer pergunta. As perguntas que fazem com que a conversação vire filosófica são aquelas que "saem de nossa mente" para se "pensar com elas", para se "aprender a discutir". A discussão será filosófica se "as perguntas aumentam"; se podemos "julgar as perguntas que temos na cabeça"; se se permite "que cresçam as dúvidas e as respostas"; se podemos "pensar mais fácil" com a ajuda dos outros; se, a partir dela, "a gente aprende coisas que nem imaginava".

Na introdução do segundo volume da *História da sexualidade, O uso dos prazeres* (1984), Michel Foucault define a filosofia como um exercício de si no pensamento. A filosofia para ele nada tem a ver com a legitimação do que já se sabe, mas com o aventurar-se no exercício de explorar os limites, a possibilidade de pensar distinto do que se pensa, com o abandono do seguro território do já sabido. No mesmo texto conta sobre o motivo que o levou a escrever o livro e o atribui à curiosidade.

É a curiosidade, essa única espécie de curiosidade – em todo caso, a única espécie de curiosidade que vale a pena ser praticada com um pouco de obstinação: não aquela que procura assimilar o que convém conhecer, mas a que permite separar-se de si mesmo. [...] De que valeria a obstinação do saber se ele assegurasse apenas a aquisição dos conhecimentos e não, de certa maneira, e tanto quanto possível, o descaminho daquele que conhece? (FOUCAULT, 1984, p. 13).

Essa curiosidade, praticada com obstinação por Foucault, é a curiosidade que permite deparar-se com coisas que nem se imaginava. À curiosidade não lhe é suficiente a informação. Ela permanece alheia à lógica do que convém conhecer, do que se pode prever segundo um tempo programado. As coisas que "a gente nem imaginava" não podem ser planejadas, não podem ser antecipadas. Só se pode antecipar o que já se conhece. Essa curiosidade produz um movimento contrário, nos afasta do que somos e do que já sabemos. Não é um afastamento que significa dar as costas ao mundo que nos rodeia, mas que explora outras possibilidades que habitam nele e outras possibilidades de habitá-lo. É uma curiosidade que se inscreve em um tempo diferente daquele que se lança como uma seta para o futuro em busca do previsível e do conveniente.

Falando de um campo diferente, o da literatura, especificamente da literatura fantástica, um campo especializado em lidar com coisa que "nem se imaginavam", Todorov (1975) afirma que os tópicos próprios do fantástico não têm a ver com um tipo de ação particular, mas com uma posição, com uma percepção, antes do que com uma interação. A vacilação, a ambiguidade, a dificuldade para atribuir facilmente uma sólida explicação aos acontecimentos extraordinários são fundamentais para a noção do fantástico. Este se inscreve em um tempo de incerteza. Quer dizer que os temas que dão corpo a este gênero, mais do que por um conteúdo específico, caracterizam-se, basicamente, por um tipo de relação entre o homem e o mundo.

Na literatura fantástica o tempo e o espaço não são o tempo e o espaço da vida cotidiana. Nela o tempo e o espaço corriqueiros são alterados, mas essa alteração se produz basicamente por uma transformação do olhar. O acesso ao extraordinário se produz por uma mudança de visão. "A visão pura e simples descobre-nos um mundo plano, sem mistérios. A visão indireta é a única via para o maravilhoso" (TODOROV, 1975, p. 130). O autor explora a familiaridade entre as palavras "maravilha" (em francês *merveille*), "olhar" (*mirer*) e "espelho" (*miroir*) e estabelece uma relação com a frequente presença de aparelhos óticos na literatura fantástica. Eles não teriam a função de tornar mais transparente o olhar, de vincular de uma forma mais precisa o olho e um ponto particular do espaço. Antes, eles vêm a materializar uma espécie de transgressão do olhar. O visionário será "[...] aquele que vê e não vê, ao mesmo tempo grau superior e negação da visão" (p. 131). O fantástico apresenta-se aqui como uma forma de estabelecer um vínculo com o mundo que se funda sobre o estranhamento de um olhar que deixa de ver o mesmo de sempre quando o tempo e o espaço habituais são alterados e questionados.

Deixemos as ideias de Todorov ecoando e voltemos ao campo da filosofia para continuar buscando ideias que nos ajudem a explorar isso que as crianças da turma 501 colocam como o que seria próprio do filosofar na escola. Bergson (2006b) dirá que o trabalho da filosofia não está na construção de sistema, mas na decisão de olhar para si e em torno de si com certa ingenuidade. Criticará aqueles que acreditaram, como Platão, que a descoberta do verdadeiro implica um movimento do espírito que se desprende, que foge das aparências cá embaixo para se apegar às realidades lá em cima; aqueles que pensaram que a tarefa do metafísico consiste em dar as costas à vida prática e se transportar para outro mundo. Ao contrário, afirmará que a tarefa do metafísico está em "continuar a olhar o que todo o mundo olha" (p. 160). Mas esse olhar não implica ver o que todo o mundo, abstraído pelos interesses práticos do dia a dia, vê. Essa certa ingenuidade do olhar consiste, precisamente, em educar a atenção no sentido de "[…] lhe retirar seus antolhos, de desabituá-la do encolhimento que as exigências da vida prática lhe impõem" (p.160). Reafirmará, posteriormente, Merleau-Ponty (1994, p. 19): "A verdadeira filosofia é reaprender a ver o mundo".

Essa curiosidade de Foucault, essa reaprendizagem de Merleau-Ponty, essa possibilidade de explorar "perguntas que a gente tem e não sabe", segundo Yasmin, essa experiência de sentir que as perguntas aumentam, na perspectiva de Paulo, parece ter a ver com uma particular forma de se relacionar com o tempo. Como pensar um tempo no qual é possível continuar a olhar o mesmo mundo que todo o mundo olha e, no entanto, enxergar os desvios que nele habitam? Qual é esse tempo no qual podem aflorar perguntas que nos habitam, mas que desconhecemos, onde se podem aprender coisas que nem se imaginavam?

Novamente Bergson, agora com a insistência em mostrar que o tempo é diferente desse que os calendários e os relógios pretendem controlar, dividindo momentos exatamente iguais e ordenando-os meticulosamente no espaço em uma sucessão de pontos abstratos e vazios. Esse é um tempo mensurável, estruturado pela inteligência em função de interesses práticos. Mas há um tempo puro, como ele o chama, um tempo qualitativo que a representação não consegue capturar. É um tempo que não se deixa separar, dividir, fixar (BERGSON, 1988).

Nossa vida transcorre sem distinções, afirma o filósofo (2006a). Estas são estabelecidas por nossas interpretações. Presos por nossa necessidade de agir delimitamos nossa percepção, restringimos nosso campo selecionando, entre as múltiplas possibilidades que existem neste mundo, apenas aquelas que se ajustam a nossos interesses atuais. De um mundo múltiplo só conseguimos enxergar aquilo que nos é de utilidade. Assim, descartamos as infinitas dimensões de nossa experiência que convivem conosco todo o tempo, que nos acompanham a cada passo que damos enquanto nós achamos que a única realidade possível é aquela que recortamos em função de nossas necessidades para agir. Nessa mecânica só há lugar para a legitimação das coisas que já sabíamos, que já imaginávamos.

Mas essa realidade virtual que descartamos é a que nos oferece a possibilidade de enriquecer nosso estar no mundo. Ao afrouxar a malha pela qual filtramos só aquilo que está ligado à ação, nós podemos fazer permeáveis essas imagens que foram desconsideradas e convidá-las a se compor com nosso presente. Então, nossa realidade poderá ser mais ou menos rica, dependendo do grau de tensão ou distensão de nossos interesses.

Quando a consciência está mais tensa em relação à ação, tanto mais atenta está à vida. E ao contrário, quando está mais distendida, mais afastada dos interesses práticos, se aproxima ao sonho, diz Bergson. Quando sonhamos, essa dimensão virtual que nos acompanha emerge de um modo diferente. Quando o impulso que nos empurra ao futuro se debilita, a paisagem que percebemos muda substancialmente.

Talvez possamos pensar que essa mudança de paisagem que se produz quando o tempo não está submetido aos interesses práticos (que fazem com que o presente só tenha sentido em função de um tempo futuro) é a que as crianças percebem nos encontros de filosofia. Será por isso que o aluno Sebastião sente que neles "a gente relaxa" e que, quando saímos dali, "não relaxa mais"? Atrevemo-nos a considerar que o que relaxa ali é o tempo. Quando conversamos, quando nossas perguntas aparecem não para encontrar respostas, mas para que nossas dúvidas cresçam e se tornem mais complexas, mais sutis; quando podemos chegar a pensar "coisas que nem imaginávamos", o tempo de nossa conversação renuncia a programar-se em função de interesses práticos, desiste de objetivos que definem previamente seu futuro e se aproxima ao tempo do sonho. Quiçá por isso, guarde uma certa semelhança com o tempo do recreio, um tempo que distende a linearidade cronológica que sustenta a dinâmica escolar.

Voltemos à questão do cuidado na prática da filosofia com crianças, que colocávamos no início. Consideramos que é principalmente do tempo que se deve cuidar, se pretendemos embarcar na experiência coletiva de pensar. Mais precisamente desse tempo que não se mede. Cuidar do tempo, ou melhor, das condições para esperar que esse tempo irrompa. Cuidar desse tempo e desse lugar onde nascem as ideias que não têm compromisso com um resultado predeterminado, que não respondem a interesses práticos ou a um futuro previsto, previsualizado. Não cuidar do conteúdo das ideias; esse pode mudar. Cuidar, precisamente, do lugar e do tempo onde nascem as ideias, o lugar e o tempo que lhes permite transformar-se. Cuidar desse momento em que o extraordinário pode ser comum, e o comum pode tornar-se extraordinário (como nos sonhos, como no brincar). Cuidar da obstinação dessa curiosidade que nos permite extraviar-nos, afastar-nos do que já sabemos.

Esse tempo é de uma natureza diferente do tempo da fabricação, não responde a causas e efeitos, não é previsível. Não é possível produzi-lo como se fabrica algo, mas é possível perceber seus efeitos quando irrompe. Esse tempo precisa que todos os que ali estamos (crianças ou adultos) estejamos inteiros para poder acolher silenciosamente nossas perguntas, para que alguém possa se perguntar em voz alta "por que existem as estrelas?", para levar a sério a complexidade que essas questões condensam e acompanhá-las sem matá-las, sem tirar-lhes a força que as impulsiona, para deixar que distintas vozes se componham dentro delas, que as transformem, traduzam, superponham a outras perguntas, e que as componham com algumas afirmações. Será que nisso consiste "chegar ao ponto de nossas perguntas", como dizia Ricardo?

Para que uma experiência de pensamento com outros seja possível devemos cuidar desse tempo no qual somos os mesmos de sempre e, ao mesmo tempo, podemos permitir-nos pensar o que não pensamos sempre. Devemos cuidar da qualidade desse tempo, que é frágil e facilmente digerível pela lógica da mensura. Esse tempo é delicado e por isso requer uma sutil sensibilidade para percebê-lo, muita paciência para esperá-lo e muito cuidado para não matá-lo. Se o medimos com relógios, às vezes, ele dura segundos, mas segundos que farão com que tenha valido a pena; às vezes ele resiste a se apresentar, e sentiremos que essa hora que passamos falando, desenhando ou escrevendo terá passado em vão. É esse tempo – onde se aprendem coisas que não servem para passar de ano e que ninguém ensina – que nos mostra que nosso mundo implacável, como nos dizia Bioy Casares, pode nos revelar que nele abundam coisas maravilhosas. Quiçá nesses segundos intempestivos possa se encontrar uma certa explicação para a insistente resistência de um grupo de alunos de uma escola pública a perder sua "aula de filosofia".

Capítulo IV

> *A filosofia para mim foi e é bom porque ela faz pensar. É bom pensar porque a gente não só pensa nas coisas da filosofia, como faz pensar também nas coisas que fazemos no dia a dia. Por exemplo, as matérias da escola; como em casa que a gente quer se aprofundar mais nas coisas.*

Emilly Lyra Romão

Percursos da filosofia com crianças na Escola Municipal Pedro Rodrigues do Carmo

Adelaíde Léo[1]
José Ricardo Santiago[2]

Esse texto, escrito a quatro mãos, reúne, inicialmente, dois objetivos.

Um deles é apresentar o desenvolvimento do Projeto "Em Caxias, a filosofia en-caixa? – a escola pública aposta no pensamento", concentrando-se, em especial, no Cardápio Filosófico, uma proposta criada a partir de alguns desafios que nos foram colocados, durante a realização deste projeto na Escola Municipal Pedro Rodrigues do Carmo, em Saracuruna, Duque de Caxias.

Outro objetivo é propor uma reflexão sobre o movimento que esse trabalho gerou nas crianças que participaram das experiências filosóficas em 2009, 2010 e 2011 e também em nós, professores.

O início de um caminho

Em março de 2009 todos os professores da Escola Municipal Pedro Rodrigues do Carmo foram convidados a participar de um encontro com o professor Walter Omar Kohan, coordenador do projeto. A finalidade era apresentar a

---

[1] Coordenadora do projeto "Em Caxias, a filosofia en-caixa?", na Escola Municipal Pedro Rodrigues do Carmo.

[2] Professor da rede municipal de Duque de Caxias e participante do projeto desde 2009.

proposta de um trabalho de filosofia com crianças e, para isso, foi realizada a vivência de uma experiência filosófica.

A partir desse primeiro contato, nove professores aceitaram o convite para participar de uma formação que aconteceu no *campus* da UERJ, na Ilha Grande. Durante quatro dias esses professores tiveram a oportunidade não apenas de vivenciar mas também de planejar e avaliar experiências de filosofia. O projeto teve seu início, com as crianças, no segundo semestre de 2009, quando eram reservadas, quinzenalmente, duas horas na rotina de uma turma. Na primeira, o professor realizava uma experiência filosófica com seu grupo de crianças. A segunda hora era reservada à avaliação dessa experiência e ao planejamento da seguinte. Nesses dois momentos era possível contar com a participação de membros do NEFI assessorando os professores.

Era uma proposta desafiadora, tanto do ponto de vista administrativo quanto pedagógico. Organizar tempo e espaço para planejamento e avaliação contínuos, coordenando os horários com outros professores, exigiu bastante flexibilidade por parte de todos os profissionais da escola. Aos poucos começamos a nos perguntar o que pensamos por educar, por ensinar. Estes e outros questionamentos começaram a afetar a forma como nos relacionávamos com as crianças.

Em 2009 as crianças que participavam das experiências eram somente aquelas cujos professores estavam diretamente envolvidos no projeto. As que permaneceram com esses professores tiveram assegurada sua participação em 2010. Novas crianças chegaram, e as que foram remanejadas para outras turmas não continuaram com as experiências.

Naquele momento aquele fato não se constituía para nós como um problema.

Assim, passamos todo o ano de 2010 realizando experiências filosóficas com as turmas desses nove professores.

O encorajamento para uma nova prática

Ao longo de nossa prática pedagógica temos experimentado algumas abordagens que se propõem a repensar os modelos instituídos de educação e que trazem algumas possíveis saídas para os problemas que enfrentamos no dia a dia da escola.

Apesar de terem, em sua concepção original, uma perspectiva transgressora e progressista, a maioria dessas propostas toma como ponto de partida o lugar do adulto e estabelece, *a priori*, o que e como algo deve ser ensinado à criança.

Em nossos encontros de formação do projeto "em Caxias, a filosofia en-caixa?" temos nos perguntado com frequência o que significa, efetivamente, estabelecer com a criança uma relação de igualdade, considerando, verdadeiramente, o que ela nos apresenta. As perguntas que começamos a nos fazer, agora numa outra perspectiva, sobretudo acerca do sentido do educar, continuaram nos acompanhando.

O ano de 2010 foi marcado por um aprofundamento maior da proposta e das reflexões, por parte tanto dos professores quanto das crianças. As experiências de filosofia desenvolvidas com elas foram, aos poucos, se caracterizando mais como o espaço da pergunta e menos como o espaço da resposta. Ainda assim, ficava claro e bem delimitado o papel de cada um naquela relação, ou seja, do adulto – o professor que propõe – e da criança – o aluno que realiza.

Foi só no início de 2011 que, observando o movimento das crianças, fomos levados a pensar, com maior profundidade, sobre o que de fato as afetava em nossas experiências filosóficas. Na volta às aulas, as crianças, tendo participado por dois anos do projeto, nos abordavam e perguntavam, com ênfase:

"Esse ano vai ter filosofia?"

"Quando vai começar?"

Renan, um menino de 8 anos, nos chamou bastante a atenção. Essa gama de sentidos impossíveis de serem percebidos, justamente por pertencerem a um outro que está para além dos limites de nossa compreensão, se reduzia a uma simples pergunta de duas palavras:

"Vai ter?"

Em uma tentativa de explicar que ainda estávamos no início dos trabalhos – ajustando horários, selecionando materiais... –, contávamos com uma expectativa no olhar desse menino, ainda maior diante de tantas justificativas. Ele aguardava e, quando achávamos que já tínhamos resolvido essa questão, ele novamente perguntava:

"Mas vai ter?"

Nova explicação, desta vez uma interrupção e a pergunta:

"Mas vai ter?"

Esse questionamento de Renan, com essa pergunta simples e renitente, apresenta uma possibilidade de leitura interessante. Mas para melhor compreendê-la cabe comentar que dentro de uma lógica escolar, que qualifica o "bom aluno" como aquele que mantém os olhos fixos nas palavras de um professor que está a todo momento lhe explicando algo; que assimila, sem questionar, o que lhe diz esse adulto que exerce sobre ele uma marcada relação de poder; que sempre faz ponderações e intervenções mais próximas da lógica do discurso deste professor, Renan não se adequava a esses valores.

Tratava-se de um garoto que, no momento das aulas, quase nunca falava. Quando falava, na maioria das vezes se distanciava do que era considerado "o assunto tratado". Ainda em nossos encontros com a filosofia, esse menino nos dava a impressão – e apenas uma impressão – de que não era tão afetado pelas experiências que propúnhamos. Esse aluno seria facilmente identificado como desinteressado e distante dentro de uma lógica escolar.

Renan, porém, nos traz a potência de sua infância na pergunta simples, porém nada simplória. A renitência do "Vai ter?" nos dá pistas de que esta criança foi efetivamente marcada pelo espaço-tempo criado nas experiências filosóficas. Fica claro para nós que esta criação de um novo espaço-tempo no cotidiano da escola construiu um ambiente em que Renan, com sua subjetividade, com sua (in)diferença à lógica da escola, fosse respeitado. E mais do que isso: potencializado em suas posturas dissonantes para um espaço de adequação a um modelo imposto. Talvez a persistência de Renan apontasse para a urgência em retornar para as rodas das experiências de filosofia e suas inúmeras possibilidades e sentidos. Talvez não fosse só para Renan que essas experiências apresentassem esse sentido.

Bastava que estivéssemos na escola para que as crianças, inquietas, nos perguntassem sobre as experiências de filosofia. Esse interesse tão grande das crianças gerou em nós uma curiosidade, um interesse em investigar, em querer saber: Por que, afinal, aquelas crianças queriam continuar as experiências filosóficas? Que marcas foram impressas nelas a ponto de não esquecerem e desejarem tanto ocupar novamente o espaço-tempo que estas experiências possibilitavam configurar? Assim, resolvemos investigar mais a fundo o que elas estavam falando. A que se estavam referindo quando nos interpelavam, ansiosas, pelo reinício dos nossos encontros?

Apresentamos, inicialmente, três questões para as crianças pensarem:

"Do que vocês sentem falta?"

"O que vocês não têm agora que tinham antes?"

"O que vocês gostariam que acontecesse agora?"

Optamos por filmar a trajetória que os pensamentos das crianças faziam no movimento causado pelas questões propostas. Deparamo-nos, durante a filmagem, com longos períodos de silêncio, entrecortados por tentativas de encontrar a melhor maneira em dizer o que se pensava. Neste movimento fizemos perguntas que recorressem à memória das experiências vividas, em uma tentativa de encontrar o que foi mais significativo para as crianças.

A fala das crianças e a escuta do adulto: uma aproximação possível...

A partir das três questões apresentadas registramos as falas de crianças entre seis e nove anos, que participaram por dois anos das experiências de filosofia com seus professores. As falas transcritas podem soar desconectas e sem sentido quando são deslocadas do contexto de espaço-tempo em que foram produzidas, e consideramos importante respeitar um movimento de pensamento que, na maioria das vezes, não se apresenta de forma linear. Contudo, pudemos observar que algumas palavras e ideias foram mais recorrentes e, por conta disso, optamos por apresentar nossas reflexões a partir de um agrupamento dessas palavras em algumas temáticas.

A dimensão afetiva

Chamou-nos a atenção alguns elementos apresentados por elas que poderiam evidenciar a dimensão afetiva das experiências. Várias citaram a roda como algo do qual elas sentiam falta.

"Ficar na roda", dita por um menino que pouco se expõe, talvez pudesse ser entendida, nesse contexto, como uma experiência de estar inserido, fazer parte. Essa mesma criança nos conta: "Gostava de estar com os amigos, saber de tudo. Senti falta dos meus amigos".

Muitas crianças, que durante dois anos participaram das experiências filosóficas com seus professores, em 2011 passaran a fazer parte de turmas diferentes, com professores diferentes. O relato dessas crianças, sinalizando a separação dos amigos, nos dizia que talvez a experiência também carregasse esse sentido de aproximá-las umas das outras. A roda, a escuta, o compartilhar pensamentos e falas, o "saber de tudo" com os amigos.

O caráter lúdico das experiências

Era ainda, para eles, um espaço que tinha lugar para o lúdico. "Quando a gente brinca...", dita por uma criança de 6 anos. "A gente fica brincando um pouquinho...", dita por uma criança de 10 anos.

Parece-nos que nesses encontros as crianças estabeleciam uma relação mais leve com o conhecimento, dada a força desse lúdico – mais presente no cotidiano de uma criança de 6 anos do que no de uma de 10 – que permeava a trajetória que percorríamos juntos enquanto filosofávamos.

O espaço-tempo da pergunta e do saber

As respostas evidenciavam, também, que elas reconheciam na filosofia um tempo-espaço da pergunta: "A experiência de perguntar"– declarou um menino no decorrer de sua fala durante a gravação.

E, diante das perguntas, uma atitude um tanto especial. "A gente ficava meio pensativo para responder às perguntas."

Era também, possivelmente, o espaço-tempo da confiança, como nos aponta a fala de um menino que, de acordo com a lógica da escolarização, não apresentava o desempenho esperado:"A gente sabia responder sobre as coisas." "Saber de tudo." "Saber tudo que acontece, a gente vai aprendendo cada coisa lá na filosofia..." "Gosto de filosofia porque gosto de saber tudo, sobre as coisas."

O passeio à UERJ

Em setembro de 2010 realizou-se na UERJ o V Colóquio Internacional de Filosofia da Educação. Nessa ocasião, as crianças foram convidadas a participar de uma das oficinas oferecidas no evento. Esse encontro representa justamente um dos principais objetivos do projeto, que é uma aproximação entre a escola básica e a universidade, desde uma perspectiva distinta do que pode ser percebida normalmente. Com frequência os professores da escola básica dialogam com a universidade, em particular com as faculdades ou departamentos de Educação. O que é quase inexistente é esse diálogo se estabelecer com os alunos desta escola. Pudemos notar um estranhamento por parte dos adultos que frequentavam a universidade ao se depararem com uma turma de crianças entrando em uma sala de aula, no contexto de um colóquio internacional.

Esse passeio foi relatado pelas crianças como uma das atividades mais significativas. Várias delas se referiam à UERJ como: "Aquele lugar alto." "Fomos lá no alto, naquilo lá no alto.""Viajar para longe, mas para longe mesmo, para onde a gente nunca foi."

A grande frequência com que as diversas crianças se referiam ao espaço da UERJ nos faz pensar em uma metáfora de uma experiência maior que elas, maior do que os seus olhos alcançam, criando, assim, a possibilidade de uma ampliação de suas referências de mundo, de inserção em um mundo muito maior do que o que se apresentava a elas em seu cotidiano.

As expectativas das crianças

Quando questionadas sobre o que gostariam que acontecesse durante o ano de 2011, buscavam saídas para grandes problemas que as afligiam, desde: "Minha sala parar de fazer bagunça."

Até: "Façam mais perguntas."

Perguntas pontuais, para serem discutidas no grupo, também surgiram neste momento: "Por que a gente nasce se um dia vai morrer?".

E perguntas de naturezas distintas, ditas numa única respiração: "Como vai acabar o mundo tsunami que dia o mundo vai acabar o que vai fazer para o mundo acabar se vai ter o sol quando o mundo vai acabar se vai ter algum sobrevivente se todo o mundo vai ficar vazio um dia pode vir um gigante como é a baleia do deus Ra que dia o mundo vai acabar quando morre para onde a gente vai?".

Em alguns relatos nos pareceu muito difícil, senão impossível, determinar do que, efetivamente, elas sentiam falta, o que as marcou. Até mesmo para elas essas informações muitas vezes não estavam definidas claramente. Suspeitamos que, pela própria natureza do projeto, não seja possível resgatar integralmente o sentido dessa experiência para cada uma delas. É curioso pensar que sentimento pode advir dessa incompreensão quanto às impressões das crianças, no que diz respeito às experiências de filosofia.

Pensamos que esse sentimento, que pode se assemelhar à impotência ou à frustração, seja fruto de uma relação com o conhecimento dentro do espaço escolar, pautada basicamente pelo desejo de controle. Os mecanismos para que esse controle, exercido principalmente por parte dos adultos para com as crianças, são inúmeros, dos mais sutis aos mais explícitos. A escola tem se mostrado um espaço de controle, de adequação do que está para além do que preconiza a sua própria estrutura. Ser e estar na escola, diante desta lógica, se resumiria a se permitir homogeneizar, se adequar e fazer parte de um fluxo cinzento e monocórdio. O mais desafiador é perceber que, com frequência, esse discurso está introjetado na fala das crianças, como no desejo de uma delas de que, ajudados pelas experiências de filosofia, seus colegas parassem de fazer bagunça.

É na contramão dessa percepção que localizamos essas falas, sem, contudo, termos a pretensão de compreendê-las e aprisioná-las a um campo de entendimento que pertença a nós. Essas falas pertencem a um outro que apresenta e denuncia justamente a limitação da maneira com que a escola tem sido construída e reconstruída no decorrer dos tempos: sobre uma estrutura de certeza e controle. As palavras dessas crianças nos apontam, ainda que apesar dos diversos artifícios de controle e sujeição a que vêm sendo expostas, outro espaço-tempo que tem sido criado por elas no experienciar a filosofia em nossos encontros.

Havia em nós uma preocupação em não abafarmos suas falas com nossos dizeres. Muitas vezes são sutis os mecanismos de silenciamentos. Procuramos, portanto, estabelecer uma relação que nos permitisse uma aproximação com o desejo delas, buscando a essência de seus discursos. Um caminho para isso foi, mesmo arriscando algumas "traduções", não esgotar as perguntas que continuamos a nos fazer, a partir dessas falas.

Um lugar para filosofar

As experiências de filosofia aconteciam, inicialmente, nas salas de aula dos professores que participavam do projeto. A cada encontro era preciso afastar as carteiras e colocar tapetes no chão para que pudéssemos estar numa grande roda (que, muitas vezes, se transformava num retângulo por causa do tamanho da sala).

Terminado o encontro, normalmente a sala recuperava sua disposição inicial. Em alguns casos, os professores aproveitavam essa organização para outras atividades. Era comum também realizarmos as experiências em áreas externas da escola. Mas isso apenas se não estivesse chovendo e se o horário da atividade não coincidisse com o recreio.

Considerando a necessidade de um espaço que favorecesse o desenvolvimento do trabalho, o NEFI, em 2010, com recursos da FAPERJ, através de Edital de Apoio e Melhoria à Escola Pública do Estado do Rio de Janeiro, construiu uma sala na escola para a realização das experiências filosóficas.

A sala de filosofia, planejada em consonância com os princípios norteadores do projeto, apresenta algumas particularidades que a diferenciam, de forma bastante visível, do padrão das salas de aula. É uma sala bem ampla, com grandes janelas e duas portas. Nela é possível admirar o céu através de um vidro no telhado. Mas o que mais chamou a atenção dos meninos e meninas foi o espaço criado para a roda. Há um nível mais baixo no chão, em formato de retângulo, para as crianças sentarem.

Na volta às aulas, em 2011, as crianças iam até a sala e quase todas perguntavam, de imediato, cheias de curiosidade, o que era aquilo, apontando para o retângulo. Aproveitávamos para devolver para elas a pergunta e, diante da resposta delas que se tratava de uma piscina – o que era reforçado pelo piso azul que reveste todo o chão da sala –, perguntávamos se não poderia ser uma outra coisa.

Vale chamar a atenção para esse movimento de voltar a pergunta para as crianças, no lugar de simplesmente respondê-la. Existe nessa atitude uma intenção de potencializar a própria pergunta, fazendo-a reverberar não apenas em quem a escuta mas também em quem a emite. O retorno da pergunta se constitui como convite à elaboração de seus pensamentos diante do contexto em que estamos inseridos. Mais do que isso: no retorno da pergunta é feito o convite a um diálogo vivo entre os participantes de uma experiência. Propostas e reflexões são compartilhadas e, para além de mera repetição de uma pergunta feita, se estabelece a possibilidade do surgimento de algo diferente, de algo novo. Sem todo esse reperguntar, esse movimento terminaria no ponto final de uma resposta conclusiva. Sem elaborações, sem diálogos, sem partilha, sem algo novo.

Compreendemos que o estranhamento diante do que se apresenta é um dos elementos que mais possibilitam um aprofundamento de uma relação filosófica com o que nos cerca. Nesta devolução da pergunta havia uma intenção de questionar o que estava estabelecido, movimento presente em nossos encontros.

Essa curiosidade contribuiu para uma certa divulgação do projeto para outras crianças. O projeto, antes circunscrito a algumas salas de aula, ganhava agora um espaço na escola e passava, de alguma forma, a favorecer o pertencimento de todos, uma vez que suas características arquitetônicas ofereciam livre acesso de qualquer grupo e estimulava nas crianças a possibilidade de um ser/estar no espaço da escola de uma maneira bastante distinta da que se relacionavam com outros ambientes da instituição.

As grandes janelas, o nível mais baixo do piso no centro da sala, o teto bastante alto, a claraboia são um enfático convite a repensar o próprio espaço da sala de aula, o que estimula uma outra maneira de ocupar esse ambiente e, por consequência, uma nova maneira de se relacionar com ele, e mais do que isso: de perceber a complexidade da própria subjetividade nesta atmosfera.

A ideia do cardápio filosófico

Em 2010 ensaiamos, enquanto ideia, alguma possibilidade de as crianças decidirem se queriam ou não participar das experiências de filosofia e que temas as convidavam. Trabalhar com o desejo, com o poder de decisão e de escolha era, para nós, fortalecer o caráter libertário do projeto. Com essa proposta seria possível, também, ampliar o projeto para aquelas crianças cujas professoras não participavam.

Inicialmente pensamos em estabelecer um conjunto de temas, oferecidos em diferentes dias e horários, e afixá-los num cartaz para que as crianças se inscrevessem, dentro do seu turno de aula, naqueles que mais lhes interessavam. Chamamos de Cardápio Filosófico pois, como um cardápio, elas escolheriam que "prato" gostariam de "degustar".

Por mais que parecesse uma proposta interessante, verificamos que ela encontraria muitos obstáculos, tendo dificuldade em se concretizar, considerando que os tempos escolares estão muito bem marcados e esse movimento comprometeria a dinâmica da escola.

Essa reflexão sucede à inquietante percepção de que, nas modificações feitas na sala de aula para a criação de um espaço para a filosofia – a reorganização das carteiras, a construção de uma nova sala –, outro tempo também era instaurado. Um tempo que se relacionava com o desejo das crianças; com o movimento dos pensamentos compartilhados; que entrava em conflito com a certeza cronológica dos horários da escola. Esse novo espaço-tempo que fomos percebendo encontraria muita resistência para ser experienciado dentro dessa instituição que traz, em sua estrutura, a força e a tradição dessa maneira cronológica de se relacionar com o tempo.

Em sua atual estrutura, como imaginar algumas crianças saindo de suas salas para vivenciarem experiências de filosofia, enquanto outras ainda permaneceriam realizando as atividades propostas pelo professor regente durante uma hora? E se após este movimento outras tomassem essa atitude? E se na semana seguinte essas crianças não fossem? E se todas fossem? A sensação de controle se perderia e, assim, a própria rotina da escola que conhecemos seria profundamente modificada.

Ainda que não acontecesse essa sensível mudança, a ideia de estar na escola se relacionando com um tempo de outra natureza se fez presente e começou a fazer parte de nossas reflexões e elaborações acerca do projeto.

No início de 2011, diante da fragmentação das turmas que faziam parte do projeto de filosofia e do relato das crianças, apontando para a necessidade de reuni-las novamente, retomamos a ideia do "Cardápio Filosófico". Nesse momento surgia para nós o imperativo não só de trabalhar com a escolha, mas de garantir a continuidade do processo para essas crianças.

Considerando a impossibilidade de desenvolver essa proposta dentro do tempo de aula, passamos a oferecer horários fora do turno regular. Ou seja, como essas crianças se concentravam no segundo e no terceiro turnos, organizamos uma turma para a primeira hora após o término do segundo turno e uma turma para uma hora antes do início do terceiro turno. Dessa forma, uma vez por semana, as do segundo turno ficariam uma hora depois do horário e as do terceiro entrariam uma hora antes. Iniciamos, assim, o processo de divulgação dessa nova modalidade.

Como pretendíamos continuar realizando as experiências filosóficas com as turmas dos professores que desejavam continuar em 2011, só foram organizados dois horários para as experiências fora do horário regular, a fim de atender, inicialmente, às crianças que já haviam participado em outros anos.

Começamos, então, com esse novo grupo, formado por crianças que haviam participado do projeto com diferentes professores nos anos anteriores e que esse ano se encontravam em diferentes turmas.

Não tínhamos, no princípio, um grupo muito grande, considerando que existia um critério limitador dessa participação. Todas as crianças desse grupo pertenciam ao 4º ano de escolaridade. A frequência era flutuante e, com o passar do tempo, alguns decidiram não continuar. Uns alegaram problemas em casa, outros diziam que não queriam mais. Foi preciso um tempo para compreendermos e assumirmos que aquele espaço, como um espaço de exercício da vontade, do poder decisório que cada um tem, certamente ocasionaria esse movimento.

Como tínhamos vagas em aberto nos dois horários, e intencionávamos ampliar o projeto para as crianças cujos professores ainda não faziam parte, realizamos uma nova divulgação. Havíamos organizado um documento para autorização dos responsáveis, considerando que o Cardápio Filosófico era desenvolvido fora do horário de aula, e passamos a entregá-lo também para as novas crianças interessadas em participar.

Nos primeiros meses tivemos que realizar uma divulgação contínua, pois a oscilação da frequência permanecia. Muitas pegavam a autorização, mas não compareciam. Como as experiências aconteciam, no primeiro semestre, às segundas-feiras, primeiro dia depois do fim de semana, muitas crianças faltavam, alegando que esqueciam o dia. Algumas crianças que eram do projeto Mais Educação, realizado no mesmo horário, compareciam, eventualmente, em alguns encontros.

A princípio definimos que convidaríamos crianças do 4º e 5º anos, para termos uma maior proximidade de faixa etária. Porém, a necessidade de algumas crianças acompanharem seus irmãos na volta para a casa e o grande interesse dos menores nos fez rever esse posicionamento.

A convivência em um mesmo grupo de crianças que já vinham realizando as experiências com crianças que nunca haviam participado desse processo e crianças de faixas etárias bem distintas nos trouxe algumas questões. Nesse novo formato, alguns elementos foram aparecendo, elementos esses que não estavam presentes na estrutura anterior, quando todas eram da mesma turma e viviam, de certa forma, o mesmo processo.

O primeiro deles estava relacionado à frequência. Havia de nossa parte uma compreensão de que aquelas crianças, naquele momento, não estavam dentro de uma turma, e o que garantia sua presença era o desejo de estar naquele espaço em detrimento de estar em outros. Porém, como estávamos habituados a realizar experiências com 30 crianças de uma mesma turma no horário regular de escolaridade, foi impactante perceber que era comum termos um número reduzido de crianças nos encontros; que algumas chegavam nos últimos 15 minutos de nossas experiências; outras vinham por duas semanas, se ausentavam nas duas seguintes e então retornavam. A cada encontro tínhamos um grupo novo.

Esse movimento nos levou a perceber que não poderíamos esperar que as características de uma experiência pensada e vivida no tempo escolar fossem as mesmas de uma experiência pensada e vivida em um tempo distinto. Essa percepção influiu diretamente na maneira como planejávamos, coordenávamos e avaliávamos as experiências filosóficas.

Outro elemento que também se destacou estava relacionado à faixa etária. Havia crianças de 6, 7 anos de idade até pré-adolescentes com 12, 13 anos. Desse encontro, difícil de ocorrer em uma turma regular, resultaram as mais diversas situações. De início um monopólio da fala das crianças mais velhas que intimidava as menores. No decorrer do ano, fomos percebendo um movimento de uma palavra mais partilhada, acolhida e apreciada tanto pelos pré-adolescentes, na escuta do discurso de Fabrício, um menino de sete anos, quanto por essa criança, ao perceber suas opiniões sendo genuína e respeitosamente questionadas pelos pré-adolescentes. Foi surpreendente ver que aquele menino tão pequeno trazia reflexões tão profundas para o grupo e se colocava disponível para rever suas certezas quando desestabilizadas pelos maiores.

No segundo semestre demos continuidade ao processo de divulgação das experiências de filosofia, agora em um novo dia da semana – às sextas-feiras –, em uma tentativa de trazer mais crianças para os nossos encontros.

Para nossa surpresa tivemos a presença de 28 crianças no primeiro horário, formando-se, assim, um novo grupo com aquelas que já participavam no primeiro semestre e as do 5º ano do terceiro turno. Mais uma vez um novo grupo se constituindo, o que, como já havia sido verificado no primeiro semestre, não se configurava como um problema. Pelo contrário: nos parece que, para a filosofia, há um elemento que é anterior ao tempo cronológico, exterior, que é o tempo interno, interior, que tem a ver com uma disponibilidade do sujeito para filosofar.

Assim, nesse novo contexto, era possível para as crianças vivenciar, e exercitar, a sua capacidade e o seu poder de escolha: estando presente, ou não, nas experiências filosóficas; fazendo uma escolha, dentro de um leque de possibilidades temáticas, sobre o que queriam dialogar; praticando novas possibilidades de agrupamentos não homogêneos.

A proposta do Cardápio Filosófico, enquanto exercício de escolhas por parte das crianças, com a abertura para uma relação delas com o seu desejo, e a assunção desse desejo, nos parece bastante instigante. Percebemos uma potência em extrapolar os limites do espaço-tempo da experiência filosófica e da ordem escolar. Nela encontramos presente o caráter emancipador do projeto.

O que aprendemos com essa proposta, ou para continuar pensando

Retomando um dos objetivos do texto, que é o de refletir sobre o movimento que esse projeto gerou em nós, nos perguntamos se é possível haver aproximações e distanciamentos com o movimento que ele parece gerar nas crianças.

Se considerarmos a infância não como uma fase da vida mas como nascimento, como pensamento não pensado, como capacidade de inventar e inventar-se, encontrar novos inícios, instaurar outro tempo, vamos encontrar aproximações entre a nossa infância neste projeto e o que dizem as crianças em suas falas.

Persistir, compartilhar, sentir, perguntar, aprender, conhecer, viajar compõem o universo dessas crianças, que dialogam com sua infância ao vivenciarem experiências de filosofia. Nossa infância nos convidou a considerar a subjetividade das crianças e seus discursos singulares, a ousar pensar novas possibilidades. Persistir, compartilhar, sentir, perguntar, aprender, conhecer, viajar também passaram a compor o nosso universo.

E os distanciamentos? Talvez eles se expliquem pela nossa adultez ancorada em nossas certezas, em nossas verdades, em nossa conformidade, adultez essa que, em muitos momentos, acaba por silenciar essa infância. Aqui somos provocados a refletir: por que se passaram quase dois anos para que começássemos a investigar com as crianças o que aquelas experiências representavam para elas? Por que, apesar de termos pensado na proposta do Cardápio Filosófico, foi preciso um agente externo para que ele acontecesse?

E talvez o mais significativo: o que nos levou a sair desse lugar, para ocupar um outro lugar, mais perto das crianças, com uma escuta mais atenta? O que teria nos levado a esse deslocamento? O projeto? As experiências? As novas configurações? As próprias crianças?

É impossível para nós deixar de perceber a relevância que o espaço-tempo criado pelo projeto tem para as crianças. Não podemos precisar se este se configura, para elas, como um ambiente puramente filosófico. Temos aprendido, no decorrer do tempo que passamos juntos, que a tentativa de delimitar uma dimensão dentro de uma experiência humana se torna um grande desafio. Perigoso, até, em algumas situações. Notamos que muitas de nossas intenções e percepções não dão conta da diversidade de sentidos que uma criança – e mesmo um adulto – pode atribuir diante de uma experiência filosófica.

Perguntamo-nos se é filosófica a experiência em si, ou a relação que as crianças estabelecem com aquela experiência. Embora haja uma proposta, um desejo, um convite, poderíamos dizer que é uma experiência filosófica para todas elas? Ou é o envolvimento que é filosófico?

É muito interessante, ao final de 2011, num momento de avaliação do ano, assistir às crianças planejando experiências para 2012. Luiz Eduardo nos propõe uma partida de futebol como tema/texto de uma experiência. Quando pedimos que nos explique um pouco mais, ele estabelece uma relação entre o futebol e o que fazemos ali: novos passes, novas jogadas, raciocínio, escolha...

Talvez Luiz Eduardo esteja dando chaves para entender o que significa o Cardápio Filosófico e, de forma mais ampla, o espaço da filosofia na escola: novas configurações para o jogo escolar ou, quem sabe, novas regras para criar um outro jogo.

Capítulo V

> *Para mim, a filosofia é boa porque eu descubro as minhas perguntas com as minhas respostas, e mudou o jeito de ver as coisas, porque eu já vejo as coisas dizendo: "por quê?".*
>
> **Michael Douglas de Araújo Alves**

Exercícios para tornar o mundo estranho[1]

Jason Thomas Wozniak[2]

> *Existem momentos na vida onde a questão de saber se se pode pensar diferentemente do que se pensa, e perceber diferentemente do que se vê é indispensável para se continuar a olhar ou a refletir.* (Michel Foucault)

> *De minha parte, tenho o hábito de passar muito tempo contemplando a sabedoria: Eu a vejo com o mesmo assombro com que, em outros momentos, vejo o mundo – esse mundo que vi muitas vezes embora eu o estivesse vendo pela primeira vez.* (Sêneca)

> *A cada dia a gente vive coisas que a gente diz "eu nunca vi isso" e na filosofia é a mesma coisa. A gente descobre coisas que a gente não sabia.* (Luzia, aluna de 64 anos, Duque de Caxias, Brasil)

O véu da percepção habitual é espesso e difícil de levantar; com frequência ele encobre o que o mundo nos pode apresentar. Mas haveria meios de remover esse véu que, com frequência, encobre nossa percepção do mundo? Pode a filosofia, tal como a arte, nos permitir a reaprender a ver o mundo? Podemos, por meio da filosofia, desfamiliarizar nossos modos habituais

---

[1] Tradução de Ingrid Müller Xavier, a quem agradeço pela tradução viva e comprometida (N.A.).
[2] Doutorando em Filosofia e Educação, Teachers College, Columbia University. Cocoordenador do Projeto "Em Caxias, a filosofia en-caixa?" E-mail: jtwoz@hotmail.com

de perceber e pensar e com isso conquistar novas maneiras de aproximarmo-nos da realidade? Há uma longa história de filósofos, antigos e contemporâneos, como Sêneca e Foucault, que reclama essa possibilidade; e, uma história mais curta de alunos adultos, como Dona Luzia da cidade de Duque de Caxias, Brasil, que poderia estar querendo dizer que esses filósofos estariam nesse caminho.

Durante um ano e meio, três professores, membros do Núcleo de Estudos de Filosofia da Infância (NEFI), e cerca de 40 alunos de classes de alfabetização para adultos em duas escolas públicas de Duque de Caxias, estiveram envolvidos em exercícios filosóficos para "tornar o mundo estranho." Juntos, tentamos nos distanciar dos modos habituais de perceber o mundo em um esforço de alcançar novas maneiras de nos aproximarmos dele. Mais especificamente, professores, alunos e pesquisadores participaram de experiências filosóficas que nos permitiram desfamiliarizar os modos utilitários habituais de perceber o mundo e concomitantemente cultivar abordagens estéticas.

Este ensaio recupera a história e a teoria de praticar exercícios para "tornar o mundo estranho" e ilustra como essa prática pode enriquecer programas de formação de professores e experiências de aprendizagem nas salas de aula de educação de adultos. Ele brevemente descreve exercícios do NEFI com professores para desfamiliarizar sua percepção habitual e também apresenta um relato condensado de algumas experiências filosóficas desenvolvidas em sala de aula durante nossos esforços para "tornar o mundo estranho" com alunos adultos. O ensaio termina com uma breve ruminação sobre duas implicações políticas das técnicas em sala de aula para "tornar o mundo estranho" e um agradecimento, insuficiente, aos alunos e professores que me permitiram ver o mundo como eu jamais havia visto. Finalmente, desejo que este ensaio revele que é possível pensar o que nunca havíamos pensado, perceber o que nunca havíamos percebido e, no processo, talvez até mesmo ver o mundo como se o estivéssemos vendo pela primeira vez. Enfim, talvez isso nos permita pensar o que nunca havíamos pensado sobre a prática da filosofia em cursos de alfabetização de jovens e adultos.

Um breve relato de uma técnica estranha

Há muito foi reconhecido que a percepção costuma tornar-se habitual. Talvez ninguém tenha afirmado isto de maneira mais sucinta que o formalista russo Shklovsky (1991, p. 4-5): "Se examinamos as leis gerais da percepção, vemos que [a percepção] ao se tornar habitual torna-se também automática". O modo habitual de perceber o mundo é, tipicamente, um fato favorável para a vida. Aqui está o problema. A percepção habitual encobre ou nos torna entorpecidos para muitos aspectos do mundo. Tornamo-nos essencialmente dessensibilizados e nossa participação no mundo é empobrecida. Shklovsky foca este ponto, ainda que o exagere um pouco: "A vida desvanece no nada. A automatização leva tudo embora, roupas, móveis, nossas mulheres e nosso medo da guerra" (p. 5).

Na esteira de Shklovsky, Pierre Hadot associa a natureza e os efeitos problemáticos da percepção habitual com o que ele chama "percepção utilitária." Segundo Hadot, "percepção utilitária" é o modo habitual de se relacionar com o mundo pelo qual percebemos apenas o que nos é útil. Ela é regulada e orientada pelos nossos interesses, e, portanto, "esconde de nós o mundo *qua* mundo".[3] Com vistas ao asseguramento, o homem para viver deve transformar, pela ação bem como pela percepção, o mundo em um conjunto de coisas úteis para a vida (HADOT, 1995, p. 258), mas esse processo pode limitar nosso engajamento com o mundo, pois configura o mundo para nós

---

[3] Hadot discute, minuciosamente, os modos "habitual" e "utilitário" de perceber o mundo em 1995 (p. 252-261) e 2006 (p. 211-216).

em termos de funcionalidade. Podemos dizer que esta mentalidade utilitária se caracteriza, como Hannah Arendt (1977, p. 212) assinalou, "por uma inabilidade para pensar e julgar algo para além de sua função ou utilidade". Tal atitude em relação ao mundo coloca em nossa percepção um filtro que promove uma maior produtividade para alcançar os fins utilitários. Mas, ao favorecer uma abordagem do mundo em que o foco de nossa percepção é posto principalmente no que concerne à nossa ação sobre as coisas, ou como algo pode ser disposto para ser usado, ela limita nosso horizonte de percepção e a profundidade de nossa atenção ao mundo. Desse modo, ao nos contentarmos com a abordagem habitual do mundo corremos o risco de não notar aquilo que para nós não tem uso imediato ou a longo prazo. As percepções do mundo se tornam automatizadas visando à utilidade, e com isso participamos e sentimos menos o mundo à nossa volta (HADOT, 2006, p. 212).

No entanto, não estamos condenados a perceber e viver como autômatos. Shklovsky (1991, p. 6) cita uma forma de escapar da automatização: "E então, para fazer retornar a sensação aos nossos membros, para que sintamos os objetos, para fazer com que uma pedra seja sentida como pétrea, foi dado ao homem a ferramenta da arte". Hadot aponta outra opção: a filosofia pode transformar o modo como percebemos o mundo; ela pode ajudar-nos a aprender a ver o mundo novamente (HADOT, 2009, p. 96). Para Shklovsky, a arte, e para Hadot, a filosofia transformam o modo como percebemos o mundo ao desfamiliarizar-nos com o mundo. Ambos, arte e filosofia podem fazer com que a realidade apareça "estranha," e, então, ambas têm potencial para revitalizar o modo como percebemos o mundo. As perspectivas de Shklovsky e Hadot não são novas nem incomuns. Carlo Ginzburg (2001) demonstrou que tentativas para ampliar e intensificar a percepção e a atenção ao mundo, desfamiliarizando-nos com os modos habituais de perceber e prestar atenção, são bastante comuns na história ocidental. Para compreender por que tentamos nos situar entre as tradições de desfamiliarização filosóficas e artísticas em Caxias precisamos examinar um pouco mais o conceito e a prática de "tornar o mundo estranho".

No cerne da noção de desfamiliarização, nos diz Ginzburg, está o que Montaigne chamou *naifveté originelle* ("ingenuidade original"): "Entender menos, ser ingênuo, assombrar-se: são reações que podem nos levar a ver mais". (GINZBURG, 2001, p. 13) A desfamiliarização impede a percepção de ser automática. Ela estranha o mundo e então, momentaneamente, o libera de suas categorizações utilitárias e epistêmicas costumeiras. E assim algo "novo" pode aparecer no mundo, e isto nos leva a uma pausa e a um trabalho sobre as nossas percepções. Com esta demora, e com este distanciamento dos modos típicos de perceber, adquirimos novas visões do mundo. Ao percebermos o mundo de maneira não familiar, estranha, por vezes até mesmo nos sobrevém a impressão de que estamos percebendo o mundo pela primeira vez. Pode-se até dizer que estamos percebendo o mundo como uma criança o percebe: o mundo tornado estranho é um mundo momentaneamente livre de preconceitos, ainda não condicionado a ser categorizado e percebido de um modo particular. Um mundo tornado estranho revela seus mistérios e maravilhas.

Tanto Shklovsky como Ginzburg nos dão exemplos clássicos de técnicas de desfamiliarização. Shklovsky (1991, p. 6) descreve a técnica de desfamiliarização de Tolstoi da seguinte maneira:

> Os artifícios por meio dos quais Tolstoi estranha seu material pode ser reduzido ao seguinte: ele não chama a coisa pelo seu nome, isto é, ele a descreve como se a estivesse percebendo pela primeira vez, enquanto que um incidente é descrito como se estivesse acontecendo pela primeira vez. Além disso, ele renuncia aos nomes convencionais de várias partes de uma coisa, substituindo-os pelos nomes de partes correspondentes de outras coisas.

Ginzburg nos relata a habilidade de Marcel Proust em "tornar o mundo estranho". Em Proust há um esforço diferente de tentar "preservar o frescor do que aparece contra a intrusão de ideias, ao apresentar as coisas por meio da percepção ainda não contaminada pela explicação causal". (GINZBURG, 2001, p. 18-19) Em Proust encontramos a tentativa de preservar a imediaticidade impressionista e uma insistência na primazia de experiências vividas contra fórmulas preestabelecidas, hábitos rígidos e "conhecimento" (p. 20). Vemos a técnica de desfamiliarização de Proust em ação através os caracteres de Madame de Sévigné e Elistir em *À la recherche du temps perdu*. Primeiro a descrição do estilo da escrita epistolar de Madame de Sévigné: "Eu me dei conta em Balbec de que ela, como ele (Elistir), têm um modo de apresentar as coisas para nossa percepção delas, mais do que explicá-las por suas causas". (PROUST *apud* GINZBURG, 2001, p. 18). Seguindo-se à descrição das pinturas de Elistir: "Agora a busca de Elistir em mostrar as coisas, não como ele sabe que elas são, mas de acordo com as ilusões ópticas que determinam como as vemos pela primeira vez, o levou a ressaltar algumas leis da perspectiva, a mais relevante no momento, porque foi a arte que primeiro as revelou" (p. 19).

Podemos supor um vínculo importante entre o uso da desfamiliarização em Tolstoi e Proust: ambos estavam tentando resistir ao empobrecimento qualitativo da nossa experiência vivida que a percepção habitual com frequência engendra. Em ambos os casos, Tolstoi e Proust, "há uma tentativa de apresentar as coisas como se elas estivessem sendo vistas pela primeira vez" (p. 19). Esses são apenas dois de inúmeros exemplos da arte que servem de inspiração para os esforços de criar na sala de aula experiências que tornam o mundo estranho. E, como mencionamos brevemente antes, Pierre Hadot também demonstrou de modo elaborado que a filosofia igualmente tem uma rica história de ser a prática que torna o mundo estranho e, portanto, merece lugar em qualquer exercício de desfamiliarização em sala de aula. E é para essa prática filosófica que nos voltaremos agora: "'Física vivida'. Sobre a prática antiga e moderna de desfamiliarizar a percepção utilitária e cultivar a percepção estética em filosofia". A obra de Hadot recupera a antiga tradição milenar de filósofos que indicaram e tentaram ultrapassar a "degradação da percepção" (HADOT, 2006, p. 212) por meio de práticas que ele chama "física vivida". Para Hadot, a filosofia sempre se ocupou de transformar o modo como vemos o mundo e nosso ser no mundo. A filosofia continuamente concebeu-se a si mesma como uma tentativa de superar o escândalo da condição humana: o homem vive no mundo sem perceber o mundo (HADOT, 1995, p. 258). Desde a Antiguidade, filósofos se engajaram em tentativas para apreender mais profundamente a presença do mundo e seu pertencimento a ele através da libertação das formas habituais e banais de vê-lo.(HADOT, 2009, p. 96) Hadot postula, com Bergson e Merleau-Ponty, que a filosofia envolve a prática de reaprender a ver o mundo (p. 96).

A filosofia, afirma Hadot, "aprofunda e transforma a percepção habitual, nos forçando a tornarmo-nos atentos ao fato de que *estamos percebendo o mundo*, e que o mundo é o que percebemos." (2009, p. 253, grifos do autor). Pensada dessa maneira, a filosofia é o que Hadot chama "exercício espiritual": prática que tenta efetuar uma modificação e transformação no sujeito que a pratica (HADOT, 2002, p. 6). Trata-se de um exercício no qual o pensamento toma-se a si mesmo como tema e busca modificar-se (1995, p. 82) e, portanto, provoca uma mudança radical no indivíduo. Assim, a filosofia como *exercício espiritual* não se situa meramente no nível cognitivo (p. 83). É uma determinada maneira de viver que implica o todo da existência; é uma conversão que coloca toda a nossa vida de cabeça para baixo, mudando a vida de quem a ela se aplica. Essa conversão com frequência leva a uma transformação radical de como se percebe o mundo (p. 83).

Desde a Antiguidade, sustenta Hadot, filósofos se engajaram no que ele chama de "exercício espiritual" da "física vivida". Este exercício consiste em "ao contemplar o universo, em seu esplendor, reconhecer a beleza das coisas mais humildes". (HADOT, 2009, p. 95). A física vivida é uma experiência de percepção. Não se trata de uma teoria estruturada do mundo, mas é antes "dar-se conta da presença do mundo e do nosso pertencimento ao mundo"(p.96). Ao longo da história da filosofia há numerosos exemplos de física praticada como exercício vivido. Platão no *Timeu* Cícero, Marco Aurélio, Goethe, Bergson e Merleau-Ponty, para nomear apenas alguns pensadores citados na obra de Hadot; todos eles engajados na prática da física como exercício vivido. Segundo Hadot, "esta física vivida consiste, antes de tudo, em ver as coisas como elas são, não do ponto de vista antropológico ou egoico, mas desde a perspectiva do cosmos e da natureza" (p. 94). E consiste também em uma meditação sobre a nossa relação com a *phúsis* – o modo como as coisas emergem e vêm a ser, as coisas se apresentando. Contemplando a *phúsis* nos tornamos "cientes do fato de que somos uma parte do Todo devemos aceitar o desdobramento necessário do Todo com o qual nos identificamos, pois somos uma de suas partes" (p. 95). Parafraseando Bergson, Hadot afirma que o exercício de física vivida "efetivamente consiste em superar a percepção utilitária que temos do mundo, para alcançar uma percepção desinteressada do mundo; não como meio para satisfazer os nossos interesses, mas simplesmente como mundo, que emerge diante de nossos olhos como se o estivéssemos vendo pela primeira vez" (p. 96). Este modo de perceber é de natureza estética.

Hadot afirma que a percepção estética implica uma aproximação particular ao fluxo e desdobramento da realidade. Implica um esforço de estar presente ao modo como o mundo se desdobra e aparece diante de nós. A percepção estética requer uma maneira de atentar ao mundo que confere à humanidade a participação no desvelar-se da realidade. Ela nos abre a possibilidade da experiência do mistério da existência no mundo e de um contato vivido com o inexplicável desvelar-se da realidade (HADOT, 2006, p. 314). O aspecto-chave dessa forma de perceber é que, quando se percebe o mundo esteticamente, percebe-se o mundo *para ele e não mais para nós* (HADOT, 1995, p. 254, grifos do autor). Por exemplo, quando olhamos o oceano não imaginamos seu valor econômico de atrair turistas, ou como tanto peixe dele pode ser extraído. Antes, nós o olhamos "tudo por ele mesmo – tal como faz o poeta, exclusivamente *segundo o que se revela ao olhar*" (KANT apud HADOT, 1995, p. 255). A percepção estética é considerada por Hadot, e aqui novamente Hadot ecoa Bergson e Merleau-Ponty, como um tipo de modelo para a percepção filosófica (HADOT, 2006, p. 254). Trata-se de um modo de perceber que desempenha um papel integral no exercício da "física vivida".

Segundo essa última análise, contemplar o mundo de maneira estética é um modo de praticar filosofia. Ela pode levar a uma transformação interna e à mutação do olhar que nos permite reconhecer algo ao qual raramente damos atenção: o esplendor do mundo (HADOT, 2002, p. 231). O modo como Sêneca contempla o mundo, anteriormente citado na epígrafe deste ensaio, pode ser interpretado como sua prática de tentar redescobrir um olhar ingênuo que permite renovar seu modo de ver e lhe confere a oportunidade de assombrar-se com a estranheza implicada na emergência de ser a cada momento. O epicurista Lucrécio (*Apud* HADOT, 2002, p. 230) revela o impacto de ver o mundo desta maneira: "Se todos estes objetos subitamente surgissem diante dos olhos dos mortais, o que poderia ser encontrado de mais maravilhoso do que esta totalidade, cuja existência a mente humana não poderia atrever-se a imaginar".

Finalmente, ver o esplendor do mundo e a emergência do ser demanda exercício: implica o esforço consciente para livrar-se temporariamente da visão convencional e rotineira que temos das coisas e descobrir uma visão bruta e ingênua da realidade que nos permita notar o esplendor do mundo que habitualmente nos escapa (HADOT, 2009, p. 173). O anseio do NEFI era engajar-se com professores e alunos em exercícios que pudessem abrir possibilidades de transformar nossas percepções do mundo.

O mais estranho dos professores

Inspirados por artistas e filósofos, por filósofos artistas e artistas filósofos, em Caxias embarcamos num dos mais estranhos empenhos, entramos em um paradoxo desconcertante. Tentamos aprender desaprendendo, procuramos ver "não vendo"; isto é, procuramos desaprender os modos habituais de ver o mundo para aprender novas maneiras de nele participar. No início das nossas tentativas, tanto professores quanto pesquisadores, acordamos quanto à necessidade de se submeter a exercícios de transformar o modo como *vemos* o mundo, para tornar o mundo estranho, tanto ou *mesmo mais* do que nossos alunos. Tendo em mente essa convicção, durante meses participamos de exercícios que continuamente deformavam e formavam nossos modos de perceber. Nesses exercícios não se tentou estabelecer formas fixas de perceber o mundo; antes, por meio de obras de arte e diálogos entre nós, tentamos emancipar-nos de nossa percepção utilitária de modo a nos abrir e perceber de muitas e diversas maneiras.

Conversando com a Pedra junto com a poetisa polonesa Wislawa Szymborska, perguntamos com a escritora perplexa o que a Pedra nos estava tentando dizer ao proclamar que "Falta-te sentido de participação".

Conversa com a Pedra

Bato à porta da pedra
– Abre, sou eu.
Quero entrar dentro de ti,

olhar tudo ao meu redor,
respirar-te.

– Vai-te embora – diz a pedra.
Estou hermeticamente fechada.
Mesmo feita em pedaços
estamos hermeticamente fechadas.
Mesmo em areia desfeitas
não abrimos a ninguém.

Bato à porta da pedra
– Abre, sou eu.
Venho por pura curiosidade.
A vida é a única ocasião para a satisfazer.
Tencionava passar pelo teu palácio
e depois visitar ainda a folha e a gota de água.
Não tenho muito tempo para isto tudo.
O meu ser mortal devia comover-te

– Sou de pedra – diz a pedra –
Impossível perturbar a minha seriedade.
Vai-te daqui.
Faltam-me os músculos do riso.

Bato à porta da pedra
– Abre, sou eu.
Ouvi dizer que há em ti grandes salas vazias,
nunca vistas, belas em vão,
mudas, sem o eco dos passos de ninguém.
Reconhece que tu própria pouco sabes disso.

– Grandes salas e vazias – diz a pedra –
só que lá não há lugar.
Belas, talvez, mas de beleza inacessível
aos teus pobres sentidos.
Poderás reconhecer-me, mas nunca me conhecerás.
Em toda a superfície me volto pra ti,
mas o meu interior volta-te as costas.

Bato à porta da pedra.
– Abre. Sou eu.
Não procuro em ti eterno asilo.
Não me sinto infeliz.
Não sou um sem-abrigo.
O meu mundo é digno de regresso.
Hei-de entrar e sair de mãos vazias.
E como prova real de ter estado
não apresentarei senão palavras
 a que ninguém dará crédito

– Não entras – diz a pedra.
Falta-te sentido de participação.
E nenhum outro sentido pode substituí-lo.
Nem um olhar onividente
te servirá de nada sem esse sentido.
Não entras. Em ti esse sentido é vaga intenção.
Vago o seu germe, a sua concepção.

Bato à porta da pedra.
– Abre. Sou eu.
Não posso esperar dois mil séculos
para me recolher ao teu telhado.

– Se não acreditas em mim – diz a pedra –
Vai ter com a folha, dir-te-á o mesmo.
Com a gota de água e o mesmo te dirá.
Pergunta por fim a um cabelo da tua própria cabeça.
Estou preste a rir às gargalhadas
De rir como a minha natureza me impede de rir.
Bato à porta da pedra.

– Não tenho porta – diz a pedra.
(SYMBORSKA, 1998, p. 59-62)

O que significa "participação?" Falta-nos "sentido de participação" no aprender e ensinar, na vida de nossos alunos, na sala de aula do mundo? De algum modo a Pedra nos leva a pensar sobre o nosso sentido de ser e nosso sentido de ensinar. Lendo cartas e entrevistas de Matisse e observando suas pinturas, buscamos atentar ao que ele chama "ver a vida toda como quando era criança".

> Tudo o que vemos na vida corrente sofre maior ou menor deformação gerada pelos hábitos adquiridos, e esse fato talvez seja mais sensível numa época como a nossa, em que o cinema, a publicidade e as grandes lojas nos impõem diariamente um fluxo de imagens prontas, que, em certa medida, ao para a visão aquilo que o preconceito é para a inteligência. O esforço necessário para libertar-se delas exige uma espécie de coragem; e essa coragem é indispensável ao artista, que deve ver a vida como quando era criança (MATISSE, 2007, p. 370).

Acrescentando cor ao modo como vemos a realidade e questionando a cor de nosso ensino, ponderamos com o escritor turco Orhan Pamuk em *Meu nome é vermelho*, "Que é ser uma cor?".[4] Lendo Manoel de Barros, brincamos de tentar pensar e ver de modo a recuperar um olhar infantil e descobrimos com o poeta brasileiro que esse brincar exige trabalho para nós adultos; há "exercícios de ser criança", (BARROS, 1999) que levados a sério, como brincam as crianças, nos permitem desaprender os modos habituais de ver para instaurar a didática de novos modos de perceber (BARROS, 1993, p.11-29). Foi então que, tal como Tolstoi e Proust antes de nós, voltamo-nos para a arte com vistas a desfamiliarizar nossos modos habituais de perceber o mundo. E, após meses de exercícios de tornar o mundo, nossas vidas, e nosso ensinar estranhos, estávamos dispostos e abertos para tentar tomar parte nos esforços de nossos alunos para perceber o mundo como ele ainda não fora visto.

Os exercícios de deformação/formação dos professores, anteriormente mencionados, e outros semelhantes, ajudaram a

---

[4] A cor Vermelha coloca esta questão em PAMUK, 2002, p. 225.

favorecer disposições e práticas de ensino tanto poéticas quanto filosóficas. Ao nível poético, os professores do projeto "Tornar o mundo estranho" desenvolveram uma habilidade incomum para criar na sala de aula uma atmosfera capaz de propiciar questionamentos e pensamentos não usuais, bem como para perceber e dialogar sobre o que estava acontecendo. Eles também cultivaram um modo especial de lidar com os alunos nas experiências. Poder-se-ia dizer que eles desenvolveram o que Keats chamou de "capacidade negativa". Isto é, esses professores tornaram-se "capazes de existir entre incertezas, mistérios, dúvidas sem desesperar-se em alcançar o fato e a razão" (KEATS, 1935, p. 72). Sua "capacidade negativa" permitiu-lhes engajar seus alunos em diálogos e experiências em sala de aula que podem ser considerados bastante estranhos pelos padrões educativos tradicionais. E era exatamente esse tipo de experiência que estávamos tentando produzir.

Pois o mundo é, ele mesmo, estranho se percebido de maneira não familiar. E se Merleau-Ponty (1945, p. XV) está correto em afirmar que

> O mundo e a razão não fazem problema, digamos, se se quiser, que eles são misteriosos, mas esse mistério os define, não seria questão de dissipá-lo por meio de alguma "solução", ele está para além das soluções. A verdadeira filosofia é reaprender a ver o mundo e nesse sentido uma história narrada pode significar o mundo com tanta profundidade quanto um tratado de filosofia.

então a filosofia pode ser um exercício que ajude a aventurar-se mais profundamente na natureza misteriosa do mundo, antes que dissipar todo seu mistério. A filosofia enquanto exercício de desfamiliarização foi exatamente o que tentamos fazer em Caxias. Frequentemente apoiados em textos artísticos para provocar a desfamiliarização das percepções habituais, os exercícios para "tornar o mundo estranho" criaram experiências estéticas que não visavam resolver os mistérios do mundo, mas antes encorajavam os alunos a neles mergulhar mais profundamente. Essas experiências estéticas em sala de aula distanciaram os alunos de seu mundo ordinário aproximando-os do extraordinário do mundo. Esse distanciamento do ordinário e a proximidade com o extraordinário alimentaram novas maneiras de pensar e sentir.

O distanciamento criado pela experiência estética, diz Hans Ulrich Gumbrecht (2004, p. 126-127), "abre a possibilidade para arriscar-se no pensamento, isto é, a possibilidade de pensar o que não pensamos em nosso mundo cotidiano". O mundo cotidiano, ao demandar um modo de pensar utilitário, demanda que os problemas e as questões sejam resolvidos dentro de estreitos limites de tempo. Gumbrecht sugere que as experiências estéticas podem fazer, como vimos acontecer em Caxias, com que os exercícios de desfamiliarização envolvendo uma experiência estética exponham professores e alunos à complexidade da realidade. O que foi importante em Caxias é que, antes de reduzir essa complexidade, ou circunscrevê-la em limites temporais restritos, ou demandar soluções práticas, os alunos e professores se permitiram habitá-la. Dito de outra maneira, nos exercícios para "tornar estranho", alunos e professores foram beneficiados pela oportunidade de aumentar a complexidade dos enigmas aos que foram confrontados sem a pressão para resolvê-los imediatamente. E é aqui que novamente as disposições dos professores desempenharam um papel importante no sentido de que as experiências se desdobrassem de maneiras extraordinárias. Antes que prescrever aos alunos modos de entender e resolver as questões que surgiram nas experiências, ou estipular maneiras de formulá-las, os professores orientaram a atenção dos alunos para a complexidade das questões, sustentaram as reações que afloraram diante das complexidades e canalizaram essas reações para o diálogo.[5]

---

[5] Apoio-me aqui nas discussões de Gumbrecht sobre ensino dêitico. Cf. GUMBRECHT, 2004, p.126-131.

Seria impossível capturar por meio da prosa acadêmica a essência das experiências que ocorreram nas salas de aula em Caxias. Por isso, talvez seja melhor deixarmos os diálogos se apresentarem por si mesmos, sabendo claramente que, quando algo se apresenta, também esconde outras faces. Exponho então apenas alguns relances que revelam aspectos das experiências.

A mais estranha das experiências

Comecemos pelo final e voltemos o olhar para trás. Nas últimas discussões com os alunos sobre suas experiências com filosofia um tema foi recorrente. Os alunos afirmaram repetidas vezes que "aprenderam muito por meio do filosofar", mas, quando lhes foi pedido que elaborassem em que consistiu esse aprendizado, foram completamente incapazes de especificar um conteúdo definido ou detalhar uma lição aprendida. Mas ainda assim havia uma insistência entusiástica de que algo fora aprendido. Ouçamos o que esse *algo* talvez possa ser.

Um dia, no Jardim Gramacho, ao pintar as folhas de uma bananeira com um pincel fino e aquarela, Luciano disse: "Pintar a planta permite à planta respirar, e eu notei que comecei a respirar melhor: estamos respirando melhor juntos; eu me identifiquei com a planta. Sinto que estou cuidando da planta e ela está cuidando de mim. Havia uma *atmosfera muito estranha* criada por essa atividade".[6]

Conversando com pedras, próximo ao Jardim Gramacho, após ter ouvido a "*Conversa com a pedra*" de Szymborska, Marcelo diz saber que é "sentido de participação": "Você tem que conviver com as coisas que estão no seu mundo, e a única maneira de "viver com" essas coisas é abrir seu coração para

---

[6] Diálogo na Escola Municipal Jardim Gramacho aula de 13/10/09.

elas. Essa é a única maneira de senti-las e de participar delas". Ao que Lúcia, após admitir que quando era dependente química ninguém sabia como "participar" de seu sofrimento, disse: "participar vai além das meras palavras, falar pode levar a enganos, é preciso ter coragem para abrir seu coração, mas você tem também que abraçar as coisas e as pessoas com as quais você quer criar relações".[7]

Depois de ler poesias fotográficas de Manoel de Barros e de Carlos Drummond, e examinando uma coleção de fotos de Duque de Caxias e do Rio de Janeiro que os alunos trouxeram para responder à questão "Que fotos representam a sua cidade?", alunos como Kátia, Bernardo e Luciana perguntaram "Fotografias nos mostram a realidade?", "As fotos podem esconder coisas?", "É possível fotografarmos o que está dentro de nós?",[8] e um diálogo complexo e caloroso foi desenvolvido na hora e meia subsequente.

Ao ler *Isto não é*, de Alejandro Magallanes (2010), foi pedido aos alunos para transformar objetos cotidianos, tais como pente, grampeador, tesoura e lápis – objetos tipicamente vistos como instrumentos –, em algo de outro. E, ao desenhar objetos que não tinham sido vistos antes, Eunice afirmou: "Ao transformar os objetos em desenhos, transformamos o modo como vemos as coisas cotidianas no mundo". Ao que Bárbara replicou: "Nós podemos usar nossa imaginação para transformar as coisas no mundo". Henrique interveio e sugeriu que "Mas não é apenas desenhando que podemos transformar; a maneira como vivemos nossa vida pode mudar se mudamos o modo como olhamos para ela".[9]

Ao celebrarmos um ano de participar juntos de experiências filosóficas, comemorávamos comendo salada de frutas e

---

[7] Diálogo na Escola Municipal Jardim Gramacho aula de 23/11/09.
[8] Diálogo na Escola Municipal Joaquim da Silva Peçanha em 11/9/2010.
[9] Diálogo na Escola Municipal Joaquim da Silva Peçanha em 16/11/2010.

bolo, e dois professores, por primeira vez, mencionaram categorias de percepção tais como "utilitária, científica, e estética". Nós então nos propusemos a tentar comer salada de frutas de modo utilitário, científico e estético. Primeiro, simplesmente, enchemos nossas barrigas; comemos de modo estritamente funcional. Em seguida analisamos a salada de frutas desde o ponto de vista nutricional, seu valor calórico, aspectos orgânicos e químicos. Finalmente, nos demos conta das cores, aromas e texturas, a sensação que saboreávamos e a complexidade de sabores que percebíamos fluindo pelos nossos corpos e despertamos para algumas conclusões surpreendentes. Denise comparou os modos de comer salada de frutas com maneiras de caminhar para a escola; Márcia do Amparo discutiu e desconstruiu as maneiras: utilitária, científica e estética de tomar banho após o trabalho.[10]

O que aprendemos? Não podemos dizer com certeza, talvez, o melhor é fazer coro com as palavras de Rilke (1949, p.15) e dizer: "Estou aprendendo a ver – sim, começando. Ainda vai mal. Mas quero empregar meu tempo nisso".

Sobre a política de tornar o mundo estranho

"Você não pode caminhar esteticamente para a escola quando as balas da polícia e dos traficantes estão voando por cima de sua cabeça."

Wilson, 58 anos, estudante, Duque de Caxias, Brasil

Embora nosso projeto de "tornar o mundo estranho" por meio da filosofia não tivesse objetivos políticos explícitos, há duas implicações políticas de nosso trabalho que merecem ser brevemente mencionadas. A primeira é que, até a última experiência de "tornar o mundo estranho", houve uma notável

---
[10] Diálogo na Escola Municipal Joaquim da Silva Peçanha em 23/11//2010.

ausência do professor-explicador. Nesse sentido, nossos encontros romperam com o que Walter Omar Kohan, na esteira de Jacques Rancière, mas em um contexto latino-americano, chama "lógica da transmissão e da explicação (KOHAN, 2007, p. 43).[11] Lógica sempre prevalente na educação pelo simples fato de que a educação é pensada, por vezes com boas razões, como um processo em que alguém que conhece algo transmite seu conhecimento para quem não o possui. Alguém explica seu conhecimento para quem é ignorante quanto a este conhecimento particular. A relação que se estabelece nesse processo, no entanto, tende a ser uma relação que depende e se sustenta na desigualdade das inteligências. Isto porque "explicar algo a alguém é dizer-lhe que não pode entendê-lo por si mesmo, é obstruir o movimento de seu pensamento, destruir a confiança em sua própria capacidade intelectual" (KOHAN, 2007b, p. 43) Como também "a explicação pressupõe a hierarquia, a divisão entre inferiores e superiores, a lógica de desigualdade (p. 44)". Uma última consequência política da lógica da explicação é que "a explicação divide os humanos sob uma série de dualismos: sábios e ignorantes, maduros e imaturos, capazes e incapazes, inteligentes e tolos, julgadores e julgados (p.43)."

A desfamiliarização, no entanto, ao provocar um distanciamento da percepção habitual, pode dissolver distâncias entre o "sábio" e o "ignorante;" ao fraturar a desigualdade presente na lógica da explicação que sustenta muito de nosso sistema escolar. Isso é possível pelo simples motivo que quando o mundo é "tornado estranho" *tanto* para o professor *quanto* para o aluno a "hierarquia das inteligências" se ausenta. Se o mundo é estranho para o aluno e para o professor, este nada tem a explicar; ambos estão se aventurando em um território não

---

[11] Aqui Kohan desenvolve as ideias do filósofo francês J. Rancière em *O mestre ignorante*. Kohan, no entanto, continua desenvolvendo-as considerando o contexto latino-americano.

familiar. Na paisagem de estranheza que predominava em nossas experiências, professores e alunos chamavam a atenção uns dos outros para detalhes, questionavam uns aos outros sobre suas observações e dialogavam sobre as percepções e pensamentos que iam surgindo. O distanciamento em relação às percepções familiares e aos conceitos tradicionais torna possível esvaziar a figura do professor explicador.

E quando o professor explicador não está presente na aula e o mestre é ignorante, ele pode também ser questionado e contradito pelos alunos. O que foi o caso quando, durante nossa celebração de novas maneiras estéticas de perceber o mundo, possibilidades de caminhar, tomar banho e comer de forma estética bem como utilitária e científica, Wilson agudamente pontuou: "Você não pode caminhar esteticamente para a escola quando as balas da polícia e dos traficantes estão voando por cima de sua cabeça".[12] Fez-se silêncio na sala, e as festividades e o otimismo foram colocados em espera. Alguém replicou: "Mas é exatamente por isso que precisamos impedir que as balas voem por sobre as nossas cabeças, para que possamos caminhar para escola como quisermos".[13] O sinal tocou, nunca tivemos a oportunidade de discutir essa intervenção imprevista, mas me pergunto se nesse dia, ao abrirmos novos modos de ver o mundo de forma estética, não nos tornamos mais cônscios dos horrores que habitualmente atravessam o dia a dia de tantos. Talvez, tornar o mundo estranho e filosofar sobre a estranheza do mundo nos faça, como D. Luzia, ver coisas que nunca vimos antes. E talvez será que ao ver os esplendores e horrores do mundo como se os estivéssemos vendo pela primeira vez nos tornemos mais motivados a eliminar tais horrores e preservar os esplendores de modo a habitar a terra mais poeticamente?

---

[12] Diálogo na escola pública Joaquim da Silva Peçanha em 23/11//2010.

[13] Não recordo o nome de quem fez a intervenção.

Gratidão

Tornar o mundo estranho, desaprender e suspender os modos habituais de aproximarmo-nos da realidade, dos outros e de nós mesmos, tudo isso demanda grande esforço e também grande coragem. Levantar o véu da percepção habitual expõe os esplendores e horrores do mundo; expomo-nos a momentos de prazer divino e de terror demoníaco. Esses momentos singulares em que experimentamos participar intensamente do mundo nos colocam ante uma decisão existencial suprema: abrimos mão de participar desses encontros com o mundo, ou reunimos a "coragem de defrontar o inexprimível mistério de existência"? (HADOT, 2009, p. 175)

Se posso dizer algo sobre as experiências filosóficas que ocorreram com alunos adultos e professores das escolas Joaquim Silva Peçanha e Jardim Gramacho é: juntos nos aventuramos no mistério, na incerteza e na dúvida de ser, e em algumas raras ocasiões sentimos um tremor de medo e maravilhamento a um só tempo: um tremor sagrado, que acompanha esses momentos em que sentimos estar vendo o mundo por primeira e última vez. Há um antigo vínculo entre agradecer e pensar.[14] O mundo está continuamente apresentando-se a nós, oferecendo-se como um presente a receber. Ao considerar esse presente, também no coração, ao pensar e estar presente ao vir a ser do mundo, agradecemos o mundo pelo seu oferecimento, pelo seu ser. Ao pensar o mundo que se apresenta diante de nós, pensamos o que deve ser pensado, o que nos é dado. Então, chegamos ao fim dessa breve história agradecendo aos alunos e professores com os quais trabalhei: agradeço por sua hospitalidade, seus pensamentos e seus corações, mas antes de tudo agradeço sua coragem em dizer "Sim!" a esses momentos em que juntos

---

[14] Vínculo que, na tradução, perde a evidência do original *thanking and thinking*. (N.T.).

deparamos com o inefável mistério da existência. Agradeço pelos acontecimentos no pensamento que tocaram uma corda da minha existência; acontecimentos que me levaram a um maior contato com a existência do mundo e com ser no mundo. O eco dessas existências compartilhadas vibrarão no meu espírito enquanto eu caminhar por essa terra enigmática. Como agradecimento a esses alunos e professores, gostaria de oferecer-lhes uma última coisa para pensar...

> Suponhamos que digamos sim a um único momento, então dissemos sim, não apenas a nós mesmos, mas a toda a existência. Pois nada é isolado, nem em nós nem nas coisas. E se a felicidade fez com que nossas almas vibrassem e ressoassem uma vez, toda a eternidade foi necessária para criar as condições desse único evento, e toda a eternidade foi aprovada, salva, justificada, nesse único instante em que dissemos sim (NIETZSCHE, 1988, p. 298).

Capítulo VI

> *A filosofia mudou muitas coisas para mim porque eu parei para pensar mais nessas coisas, como o tempo, por exemplo. Quando eu ia fazer filosofia pensava que era uma matéria, mas quando entrei era o que eu não pensava [...] era para pensar junto [...]. Agora penso muito mais sobre o futuro, o que eu vou ser. Mas eu conheci muitas pessoas, como a Fabiana e muitos mais, que são pessoas amigas. Eu fui a um passeio de filosofia, eu e meus colegas e as professoras, e aparecemos no Canal Brasil. Eu gostei muito, eu gostei porque eu aprendi [...]. Penso, e penso muito, é isso que eu gosto.*

Tiago Oliveira dos Santos

A filosofia é morrer e nascer de novo

Entrevista com Mirella Fant e Solange Noronha

Apresentamos aqui a entrevista das professoras Mirella Fant e Solange Noronha – diretoras respectivamente das escolas municipais Joaquim da Silva Peçanha e Pedro Rodrigues do Carmo, participantes do Projeto "Em Caxias, a filosofia en-caixa? A escola pública aposta no pensamento" –, em novembro de 2011, realizada por Beatriz Fabiana Olarieta. Da longa conversação foram selecionados os principais trechos que seguem, sob a forma de uma retrospectiva dos diferentes momentos do caminho percorrido pelo projeto em suas instituições. As professoras falam sobre o impacto e as transformações do trabalho ao longo de quatro anos, avaliam o realizado e colocam novos desafios.

BFO: *Poderiam contar como foi a chegada do projeto de filosofia nas escolas que vocês dirigem? Como que foi esse processo de recepção? Notaram alguma mudança na instituição quando a prática da filosofia começou a fazer parte dela?*

MF: Quando o projeto chegou à Escola Municipal Joaquim da Silva Peçanha, chegou como uma novidade e até como curiosidade, pois nesse momento tínhamos vontade de colocar algo diferente no nosso Projeto Político Pedagógico (PPP) em benefício das crianças. O projeto de filosofia chegou em um momento em que percebíamos que precisávamos de transformações, chegou respondendo a essa necessidade de mudar o ambiente da escola. Não sabíamos muito bem o que fazer. Pensávamos em mudar a metodologia, o plano de trabalho etc. Demoramos em perceber que essa transformação poderia começar pelo projeto que tinha acabado de chegar. No princípio, muitas professoras ficaram assustadas quando ouviram falar de filosofia. Aconteceu aquele espanto, porque a filosofia que a gente cursou na escola é aquela coisa chatinha, superteórica, muita leitura e prática nenhuma. Alguns de nós já tínhamos lido alguns textos de Matthew Lipman, e começar a abrir um espaço para esse outro tipo de filosofia e foi ótimo.

SN: Na Escola Municipal Pedro Rodrigues do Carmo o projeto chegou com um convite da professora Cristina Muniz (integrante da Secretaria Municipal de Educação). Em 2008 ela estava supervisionando o nosso plano e achou que nossa escola poderia desenvolver bem o projeto que estava sendo realizado na EM Joaquim da Silva Peçanha e nos levou a proposta. Então, reunimos todos os professores, porque precisávamos ver se existia o desejo da comunidade escolar. O grupo se mostrou bastante interessado em conhecer. Também teve a questão da novidade, de algo novo que iria acontecer na escola. Então, surgiu a proposta de realizarmos um encontro do grupo de estudo com o professor Walter Kohan e parte da equipe do NEFI na Escola Municipal Professor Walter Russo de Souza, para o qual convidamos todos os professores dos cinco turnos da escola. Nossa escola é uma instituição enorme! Foi muito bom. Ali nos foi feito o convite para participar da Experiência de Formação do NEFI (Núcleo de Estudos Filosóficos da Infância) na Ilha Grande, em abril de 2009, à qual levamos nove professores. O critério de escolha dos professores foi o desejo de fazer parte do projeto – ninguém participa por obrigação – e também a disponibilidade de cada envolvido para passar cinco dias fora se aprofundando no estudo. Gostamos do curso, foi bastante interessante, nos familiarizamos rapidamente com a equipe do NEFI. Na volta, o projeto foi muito bem acolhido e abraçado pela comunidade escolar. Sentimo-nos muito bem, e todos os momentos foram marcantes.

BFO: *O que vocês viram no projeto nesse primeiro contato? Quais foram os fatores que deixaram vocês mais interessados? O que chamou mais a atenção?*

SN: Nossa escola fica em um bairro distante do centro do município. Atendemos quase 1.500 alunos, carentes de muitas oportunidades. Nós tínhamos um grande desafio perante uma escola com tantos alunos, dos quais um grupo significativo ainda apresenta dificuldade de avançar no processo pedagógico, especialmente no que diz respeito à aquisição do código escrito. Com esse projeto vimos a possibilidade de oferecer mais oportunidades para as crianças.

BFO: *Então, você pensou que o projeto de filosofia contribuiria para melhorar ou facilitar o processo de aprendizagem dessas crianças?*

SN: Sim, contribuir não somente para isso, mas principalmente pensamos que o projeto poderia contribuir substancialmente na qualidade do que o aluno vai encontrar na escola. A escola poderia se tornar mais acolhedora, poderia oferecer um diferencial para as crianças, porque a filosofia é um diferencial.

MF: Lá na escola, além dessa questão do aluno, também penso na questão do professor; na mudança da sua prática profissional. Na primeira reunião de apresentação da proposta do projeto que a gente teve, o professor Walter chegou com uma frase de Jacotot que diz: "É necessário que lhes ensine que nada tenho a lhes ensinar". A primeira reação dos professores que estavam na escola, foi "como assim?! A gente não tem nada que ensinar?!". Depois a ficha caiu. A gente tem que ensinar, mas também temos que aprender. Esse movimento de ensinar e aprender já estava ficando estático na escola: "eu tenho", "eu trago", "você aprende ou você não aprende. O problema não é meu", e por aí vai. Essa provocação ao profissional para sair dessa carcaça de que "eu sei e eu devo ensinar" acabou abalando as estruturas de forma positiva, fez muito bem. Hoje, quem estava arredio no início começou a se interessar porque está vendo acontecer. Inclusive os que chegam à escola percebem um novo clima. Um professor novo que esse ano pegou uma aula extra com uma turma que participava do projeto ficou apaixonado. Esse professor apareceu depois nas primeiras jornadas do projeto que organizamos e saiu maravilhado porque viu que o aluno fica mais questionador, se posiciona sem medo. Uma das coisas que a gente mais observa dentro das unidades escolares é o aluno com medo de se colocar e com medo de errar. Esse medo do erro não existe mais. Não são todos, é claro, mas o convívio das crianças na sala de aula e no recreio é diferente.

No mês de outubro de 2011, nós fomos fazer uma experiência filosófica no bosque da Barra da Tijuca com algumas crianças que faziam filosofia desde 2007 e outras que tinham curiosidade de conhecer o projeto. Lá disseram que não poderíamos entrar com 40 alunos. Fizemos uma roda e eles começaram a questionar os funcionários que nos atenderam sobre o impedimento de entrar em um espaço público e a conversar com eles querendo conhecer sobre o parque. Nossa, como eles foram participativos! A gente vê a diferença no aluno. Isso é legal de mostrar para aqueles que não estão envolvidos. O crescimento do aluno é o maior trunfo do projeto. O professor tem que acompanhar o que o aluno está desenvolvendo. Temos que ampliar isso, pois funciona. Muitos profissionais que não se envolveram no início ficaram interessados e começaram a participar também.

BFO: *Na Escola Joaquim Peçanha parece que houve um estranhamento inicial dos professores e depois um interesse até daqueles que não fazem parte do projeto. Como foi esse processo na Escola Pedro Rodrigues?*

SN: A Pedro Rodrigues é uma escola muito grande, com cinco turnos, o universo com o qual trabalhamos é imenso. Temos aqueles professores que se identificaram mais, aqueles que se identificaram, mas que por um motivo específico não puderam participar diretamente do projeto, e temos aqueles que ainda perguntam como se dá, em que consiste a especificidade do trabalho com filosofia. Por conta disso, de amadurecer esses questionamentos, estamos decidindo agora levar o projeto, ou melhor, a filosofia do projeto para todo o corpo da escola. Entendemos que aqueles profissionais do NEFI que estão fazendo o acompanhamento do trabalho não têm condições de auxiliar todos os turnos. O projeto insiste nessa questão do acompanhamento. Tem um profissional que acompanha cada professor no desenvolvimento das experiências com sua turma. O professor coordena a experiência e é acompanhado no planejamento, na realização e posterior avaliação dela. Isso dificulta a expansão. Nossa questão agora é: como levar a prática que a filosofia propõe para uma escola de cinco turnos? Não vamos conseguir levar nos moldes atuais do projeto, mas estamos querendo levar o espírito do projeto para toda a escola, para que seja uma escola mais filosófica. Estamos estudando esse movimento, teremos uma semana este mês que vai ser uma jornada pedagógica de estudos na qual proporemos levar para o PPP a filosofia como temática central com ramificações. Vamos tentar levar ao corpo da escola (professores, profissionais, alunos, a comunidade escolar em si) a vivência de um pensar mais filosófico.

BFO: *E o que seria esse pensar mais filosófico? Em que consiste esse espírito do projeto que estão querendo espalhar na escola?*

SN: É basicamente uma quebra de paradigmas, como a Mirella falou. As aulas tradicionalmente são baseadas em perguntas e respostas e na ideia de certo e errado. Uma prova se corrige dando certo em uma resposta que se encaixa nos moldes e dando errado em uma resposta que não se enquadrou como esperado. A experiência filosófica não funciona com essa mesma concepção do certo ou errado. Na filosofia o aluno está ali, se sente à vontade de dizer o que pensa a respeito daquilo que está sendo questionado. Aí é que está a grande importância do projeto, mostrar que cada indivíduo que está ali participando é importante, que o pensamento dele é tão importante quanto o do outro e que ele não tem por que se sentir inferior. Por exemplo, a escola funciona com a lógica das notas. Sob essa perspectiva, se um aluno tem a média de 5 e o colega de 9, ele é colocado em uma posição de inferioridade, o que gera problemas de autoestima que podem marcá-lo para o resto da vida. Mas, no momento em que essa criança se vê em pé de igualdade com qualquer um dos seus pares e com sua professora para pensar sobre uma determinada questão, isso muda. A filosofia proporciona essa oportunidade, que é muito importante. Acho muito importante como essa oportunidade também se oferece para os profissionais e tem um impacto forte sobre eles e em sua prática pedagógica.

MF: Toda vez que existe uma diferença de postura profissional dentro da escola existe um melindre. Eu vivencio isso há muito tempo, alguns não se posicionam, ou pensam que o outro está procurando aparecer dizendo que o que ele pensa é melhor. Isso é complicado.

BFO: *Então, a chegada da prática da filosofia nas escolas teve um impacto na dinâmica dos professores?*

MF: Melhorou. Aquele profissional que está envolvido não está fazendo nada que seja assim excepcional, ele está deixando que o aluno o questione, ele está aprendendo também. A partir do momento em que o professor se deixa questionar, ele está aberto a mudanças. Algumas mães chegam na escola e perguntam "o que está acontecendo com o meu filho que ele agora pergunta tudo?". Quando me perguntam isso, fico lembrando que quando a criança começa a crescer começa a questionar tudo e a mãe tenta responder. Na escola você só tem que responder porque é preciso passar de ano, alcançar as médias, você é um número. Acontece que com a filosofia conseguimos ver alunos alcançarem médias, mas tendo experiências diferenciadas. Então, o defeito não é do aluno, e sim desse enfoque. Hoje o aluno quebra a professora, a questiona e questiona os conhecimentos.

Esse exercício de desprendimento do professor é o grande trunfo do profissional que trabalha na filosofia.

SN: Sabe o que acontece? O discurso dos profissionais é muito bonito, como do tipo "queremos uma escola que não segregue, que não faça distinção, uma escola para todos". Porém, na prática não costuma funcionar tão assim. Como Mirella disse, esse é um trabalho que não vai acabar com essa questão, mas é um trabalho que necessita ser feito no dia a dia, e a filosofia tem a ver com ele.

MF: Mostrar o discurso se contrapondo à prática é fundamental.

SN: Exatamente. E também mostrar que todos são importantes e capazes, que a opinião de cada aluno é importante dentro daquele contexto do universo da escola. Ser uma escola de vida, poder trabalhar melhor as relações interpessoais. Nós tivemos uma oportunidade com os professores. Temos uma professora muito tímida que está há muitos anos na escola. Ela fala muito pouco nos encontros, fala o mínimo possível e é uma profissional que está lá há quase 15 anos. No momento em que a Adelaíde [coordenadora do projeto de filosofia nessa escola] propôs uma experiência filosófica entre os professores, aquela professora apareceu. Aquele momento foi emocionante. Ali ela se sentiu à vontade por ter quebrado aquele paradigma, aquela formatação, aquilo que está predeterminado, sistematizado, aquilo do qual temos dificuldade de fugir.

A própria experiência de formação na Ilha Grande foi um desafio para mim, porque, como gestora, eu estou impregnada de uma prática que considera uma situação inicial, uma finalidade e os meios para conseguir alcançá-la. Na escola trabalhamos com metas. Eu mesma estou cronometrada com ações a fazer, metas a cumprir. Quando cheguei a um ambiente no qual não é vivenciada aquela lógica, eu perguntava o tempo todo "qual é o objetivo?", "em que consiste?". Quis saber sobre aquela nova proposta, aquela nova vivência que foge bastante da que a escola traz.

BFO: *Quais são as dificuldades que o projeto enfrenta para poder funcionar dentro da dinâmica da escola, para se encaixar nela?*

MF: É difícil, mas a gente já viu que não é impossível. É um sacrifício, por causa da logística. Tem, por uma parte, a questão metodológica, mas também a logística para que o projeto consiga se encaixar na escola: os horários de recreio e de aula, as poucas pessoas disponíveis para que os professores possam ter um tempo sem a turma para refletir e avaliar as experiências etc. Se participarem todos, não há como dar conta das turmas.

SN: O projeto é desafiador. Penso que o caminho é levar cada vez mais a vivência das experiências filosóficas para todos os professores da instituição, que não estão diretamente envolvidos com o projeto. Acho que às vezes ficamos mais focados nas turmas que estão sendo atendidas, mas, se a gente conseguisse realizar uma abertura das experiências, levá-las para os momentos coletivos que a gente tem na escola, como o grupo de estudos, o tempo de planejamento etc., seria muito interessante. Se também permitíssemos aos pais vivenciarem a proposta, a escola toda passaria a vivenciar mais o pensar filosófico.

BFO: *Tem na sua escola algum exemplo que você possa contar em relação ao aluno? Em relação ao impacto que a filosofia causou?*

SN: Mirella já deu alguns exemplos. Eu vou falar de um grupo de alunos que vem vivenciando a experiência de filosofar, são crianças que estão participando desde 2009 e permanecem até hoje. A profa. Adelaíde e o prof. Zé Ricardo criaram a proposta do Cardápio Filosófico, que é uma proposta diferente da apresentada pelo projeto. Originalmente, os professores ficam na sala, e o aluno está sujeito à formatação daquele dia e horário determinado para fazer filosofia com sua turma. Ao contrário, as crianças que participam do Cardápio Filosófico vão no contraturno fazer filosofia e se envolvem através de escolhas de temas que lhes são propostos para pensar. O aluno pode ir se ele somente quiser participar daquela experiência. Todos são convidados, não precisa ser aluno de uma turma determinada. Como temos um número muito grande de crianças que vão sozinhas para a escola, os pais ligam sempre perguntando se terá experiência de filosofia. Há um claro interesse das crianças em participar. É muito interessante.

Essa questão também foi uma proposta inteligente para aquelas crianças que passam de ano e se encontram em uma turma que não participa do projeto. Dessa forma, elas não ficam sem a possibilidade de continuar fazendo parte. Elas ficavam perguntando. O tempo todo escuto alunos dizendo: "Poxa, tia! Eu não sou mais da turma, eu não posso mais participar?". O Cardápio surgiu para atender a esses alunos.

BFO: *E com respeito à parceria escola-universidade, como vivem essa relação? Em que vocês acham que a universidade está contribuindo com suas escolas, e em que suas escolas estão contribuindo com a universidade?*

SN: Acho que a universidade está tendo um momento importante nas escolas públicas. Há um processo de aprendizagem e de troca muito positivo com todos os profissionais e alunos que fazem parte do projeto. Nós também estamos aprendendo muito com vocês. Está sendo muito produtivo.

BFO: *E o que a escola está deixando na universidade?*

SN: Nós estamos deixando um pouco da nossa vida. A escola faz parte da nossa vida, e hoje entregamos um pouco da nossa vida à universidade. Lá somos um ambiente de pesquisa para vocês, e vocês também são parte da nossa pesquisa. Nós também pesquisamos. Essa troca está sendo legal, fora a amizade e os vínculos afetivos.

MF: Eu penso que o fato de a academia estar entrando numa escola pública de alunos de classe menos favorecida, bem baixa renda, que têm uma situação de vida bem complicada, está levando a esperança de um ensino público de qualidade. Só de saber que a universidade está dentro da escola já cria no imaginário da família a ideia de que a escola tem qualidade porque há uma universidade dentro dela. E o que eu levo para a universidade como retribuição? Penso que o estímulo a nossos profissionais para querer estar dentro da universidade, para continuar formando-se e depois voltar para a escola.[1] Temos que criar uma raiz na escola, pensando que a universidade num momento não vai precisar mais vir. Não porque não seja mais necessária, mas porque a gente tem a universidade dentro da escola, nossos professores estão saindo para buscá-la e depois voltam para a escola.

SN: É muito importante também que as crianças venham até a universidade para fazer experiências de filosofia.[2] Para a criança, vivenciar esse ambiente acadêmico é muito importante. A gente percebe que muitos pais não têm grandes expectativas em relação ao futuro dos próprios filhos. Isso é uma realidade muito chocante. O projeto abre a possibilidade de eles começarem a pensar que podem, sim, ser parte da universidade. Os pais também ficam estimulados. Por exemplo, a mãe do Fábio, um aluno da minha escola, ficou muito feliz ao dar uma entrevista, em se manifestar sobre seu filho para o DVD que está sendo montado pelo NEFI sobre o projeto. É muito importante ver a reação dos pais. Levar isso para uma comunidade que sofre todo tipo de dificuldade, escassez e carência é muito válido. Nesse sentido, nem podemos trabalhar com números. Quantos são?

---

[1] Uma professora da Escola Joaquim da Silva Peçanha já concluiu seu mestrado na UERJ e atualmente coordena o projeto na sua instituição, e outra passou recentemente no processo de seleção de mestrado para pesquisar temas ligados à prática da filosofia.

[2] Diferentes turmas das duas escolas participaram de várias oportunidades de experiências filosóficas realizadas no Ateliê de Infância e Filosofia da UERJ.

Isso não é o mais importante; temos que considerar que lidamos com vidas. Por isso é que eu relaciono a questão do trabalho filosófico com a questão das relações humanas que precisam ser revigoradas dentro e fora do ambiente escolar.

BFO: *Poderiam dizer uma coisa que vocês acham fundamental e que deve continuar no projeto e algo que vocês acham que deve ser modificado?*

SN: Acho que a proposta da equipe do NEFI é muito boa, mas, como toda proposta, tem seu lado forte e seu lado frágil. O ponto forte está no tipo de trabalho individual e coletivo que é feito com as crianças. Quando o projeto alcança o aluno, quando faz ao aluno crescer, poder ver o mundo com um olhar diferenciado, poder trabalhar sua própria autoestima acaba se tornando forte. Isso precisa ser mantido.

Uma coisa que eu modificaria – de fato estamos trabalhando em cima disso – é que o projeto fica restrito somente a algumas turmas. Acho que já estamos no caminho certo em tentar ampliar esse pensar mais filosófico para o corpo da escola, pensando a escola como um todo. Na minha escola está faltando ampliar o projeto para que a escola possa vivenciar mais o pensar filosófico.

MF: Acho que o que está faltando no projeto é ter mais professores interessados. O querer do professor tem que ser maior. O que precisava ter é mais adesão do professor, o professor se sentir estimulado. Quando a gente vê um professor de disciplina que se interessa porque percebe que o aluno o questionou, que o aluno faz colocações que o surpreendem e o fazem pensar, e se interessa e dispõe a participar do projeto, esse querer é um ganho. Já aconteceu com alguns professores que agora são parte da prática da filosofia.

Outra coisa para resgatar é um novo papel da disciplina na escola. A palavra adequada não é disciplina. Eu diria que agora os alunos estão com vontade de aprender. O projeto disciplinou? Não, não é isso e nem pretende ser isso. Existe ainda dentro da escola essa prática de disciplinar: "não pode isso e não pode aquilo". Ainda vivenciamos isso. Mas os alunos que participam do projeto têm outra disciplina, outra forma de se relacionar. Eles, porque querem ouvir os colegas, são curiosos em saber também o que o outro está pensando. Não ficam com aquela ideia de querer falar sozinhos.

BFO: *Depois de terem vivenciado o projeto dentro de suas escolas, o que vocês pensam que seja a filosofia?*

SN: Filosofia para mim está muito relacionada ao amor. Sempre pensei assim. O amor por si próprio e pelo outro está diretamente relacionado com o desejo de aprender e melhorar o mundo. Tem a ver com levar para a escola um pouco mais de amor, de desejo por aprender algo novo, com apresentar isso para o outro, com fazer um mundo mais feliz. Se você leva uma proposta que vai trabalhar essa questão, que vai criar um ambiente mais acolhedor para poder ter maior contato com objetos de conhecimento que você não conhece e passa a conhecer, está oferecendo novas oportunidades para aquelas crianças. Ter contato com o conhecimento, com suas várias formas de significado e representações, acessar vários tipos de textos que trazem diferentes problematizações é fantástico tanto para as crianças quanto para nós, professoras. A filosofia tem a ver com essa tarefa.

MF: A filosofia pra mim é morrer e nascer de novo. A filosofia é tudo aquilo que eu sei que tenho que extinguir, tirar de mim. Eu tenho que estar aberta a conhecer de novo. É nascer para conhecer de novo. E isso é o que está acontecendo. Para mim, particularmente, foi um momento de perda, e quando a filosofia chegou coincidiu também com um momento da escola em que parecia que muitas coisas tivessem sido perdidas. A gente vê a criança nascendo dentro de uma realidade diferente, e possível. Tem crianças que chegam cedinho e ficam até tarde, elas querem ajudar, têm ideias, isso é muito bom, vimos que as relações mudam. Eu via a filosofia de forma diferente na pós-graduação, eu trouxe para a prática aquelas histórias e sempre quis ver isso acontecer de verdade, como o mito da caverna, quem é o sujeito que não quer enxergar para ver diferente?

A filosofia chegou à escola como um projeto de pesquisa. Hoje não é mais uma pesquisa da universidade, é um fato, é uma realidade, é algo que acontece e melhora o ambiente escolar, sem sombra de dúvida.

Capítulo VII

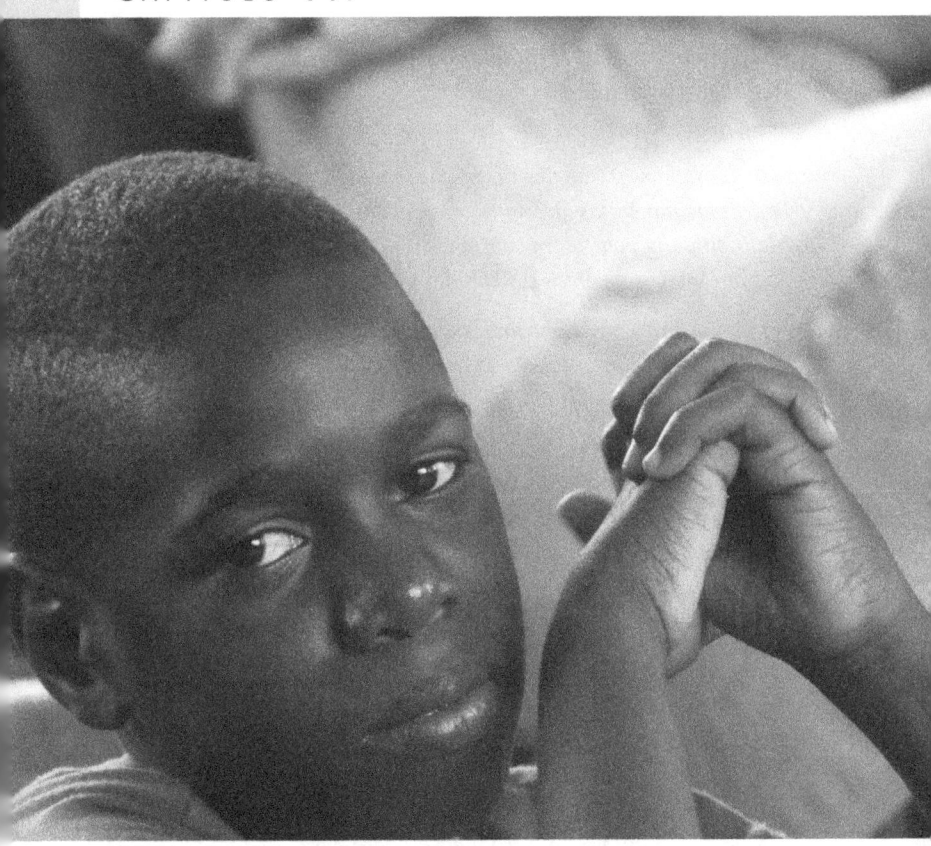

*Filosofia não te faz
só pensar, você pode
ter imaginação do que quiser
Basta você tentar.*

*Filosofia te faz realizar coisas
que jamais ouviu falar.
Filosofia é ir além dos pensamentos
Poder voar e sempre ser livre para pensar.*

*Se você acreditar que vale a pena
uma coisa todos vão concordar: filosofia
em grupo não só tira dúvida, mas
entra numa solução para ninguém deixar de pensar.*

*Seus pensamentos irão fazer com que seja livre
Pode imaginar coisas que nunca ouviu falar.
Mas a filosofia pode te transformar numa
pessoa com pensamentos esplêndidos para falar.*

*Na filosofia você pode imaginar lugares que nunca
ouviu falar, mas uma coisa é certa:
tudo você pode conquistar
basta parar e pensar.*

*Um dia eu não me soltava, no outro
já falava, depois se complicava,
mas sempre estava ali pronto
pra pensar, dificultar as coisas, ao mesmo tempo, facilitar.*

*Não poderia negar que a filosofia
é sempre boa para conjugar, nunca
vou deixá-la, apenas conjugá-la
onde for estarei lá mesmo, se for na UERJ meus pensamentos vão estar lá.
Filosofia pra mim são muitas coisas, isso aqui é pequeno
pra explicar, mas uma coisa é certa, nunca vou abandoná-la
porque as perguntas não serão mais dúvidas, porque
vou sempre questioná-las!*

Matheus Augusto Ferreira de Araújo

Um encontro na conversa; uma conversa no encontro

Entrevista de Ana Corina Salas com Walter Omar Kohan[1]

A ideia é conversar, que compartilhes comigo – e eu compartilhe contigo –, que te façam pensar essas perguntas, como as vês, como as sentes... O que quero é que minha tese, não seja eu falando por ti (é possível fazer isto?), mas pensar contigo. Tentar escrever – vivendo-a! – sobre essa relação de igualdade de onde parte, segundo o que entendo de tua colocação, a filosofia. (Claro, esta é a ideia, logo vem o choque com a academia e seu desejo – se é que uma estrutura pode desejar – de que eu não pense, mas que simplesmente compartilhe o que o autor (tu) diz sob minhas palavras.)

ACS: *Vamos correr o risco de encontrarmo-nos, vamos ver – por que não? – que venha!*

WOK: Que lindo começo, Corina, que lindo... obrigado, oxalá nos encontremos, sim, no que pensamos e no que esse espaço de encontro nos possa fazer pensar juntos...

ACS: *Começarei, talvez, pelo princípio. Repetidas vezes, em teus livros fazes referência a essa ideia deleuziana de que "há no mundo algo que força a pensar. Esse algo que é o objeto*

---

[1] Tradução de Ingrid Müller Xavier. Começada em encontro presencial e concluída por correio eletrônico, em agosto de 2011. Faz parte da pesquisa para o trabalho final de graduação em filosofia de Ana Corina na Universidade Central da Venezuela, intitulado: *Sobre las relaciones profesor-alumno en la experiencia de filosofía con niños desarrollada por Walter Kohan.*

do encontro fundamental e não do reconhecimento" (DELEUZE, 1988). Nesse sentido queria fazer a primeira pergunta: Que te forçou a sair da ideia de uma filosofia para crianças para uma filosofia com crianças?

WOK: Bom, creio que muitas coisas, afetos, pessoas, ideias... Eu te diria, em primeiro, os meninos e as meninas, ou a infância, sua sensibilidade, sua atenção, sua palavra... digamos que eu não tinha uma ideia prévia do que resultaria desse encontro com a infância e a própria prática a partir da filosofia para crianças – que, por certo, foi para mim "revolucionária" no modo de conceber e praticar a filosofia em relação com o espaço acadêmico –, foi gerando em mim uma necessidade de pensar tudo de novo, tudo desde o começo, um tudo o mais infantil possível. Com "tudo" quero dizer, valha a redundância, "tudo", ou seja, a filosofia, a educação, a infância, minha relação com cada uma delas e o sentido de praticá-las. Há que ser justo e perceber que em um sentido a filosofia para crianças é também uma filosofia com meninos e meninas, no sentido em que se propõe um filosofar compartilhado com eles. Mas o que precisei reconsiderar é essa ideia de algo previamente estabelecido que há que dispor para a infância o que temos como o melhor modo possível de apresentação da filosofia. E mais ainda a própria ideia de filosofia e infância, o que entendemos por cada uma delas. Como te dizia antes, tudo! Também poderia dizer que me levou a isso uma sensação em relação ao trabalho que desenvolvia, nesse momento como professor assistente de filosofia antiga na Universidad de Buenos Aires: que era um trabalho muito bonito, significativo, mas que sentia que se havia afastado um pouco do que me havia levado à filosofia e que se estava enclausurando em um grupo de pessoas por demais pequeno, seleto e homogêneo.

ACS: *Já "dentro" da filosofia com crianças, e entendendo a experiência como isso que acontece em nós, como uma via-*

*gem cheia de perigos da qual saímos transformados (*KOHAN, WAKSMAN, 2005*): qual foi tua experiência fazendo filosofia com crianças? Que aconteceu em ti? Que perigos correstes?*

WOK: Perigos, pois, bastantes... Porque se trata não só de uma carreira acadêmica, profissão, o trabalho, mas da vida mesma. A verdade é que abracei essa ideia por inteiro, sem me preocupar demais para onde ela me levaria. E, por certo, não posso queixar-me, porque me levou longe em relação ao lugar desde onde parti, tanto no acadêmico como no existencial. Considero-me um afortunado, privilegiado por ter sido e estar sendo, de certo modo, educado pela filosofia e a infância, e me sinto também em meio à travessia, longe tanto da partida como da chegada, em pleno movimento, deslocamento... O movimento é tão intenso que os inícios parecem distantes e, no entanto, em muitos sentidos estão próximos. Os perigos, creio que são quase sempre os mesmos: a acomodação, o autoelogio, a falta de atenção, o descuido, a preguiça, o medo ao desconhecido ou ao fracasso... Como vês, não são poucos nem pequenos, mas tratei de não pensar demais nos perigos, mas no desafiador e gratificante do jogo. Quando alguém o faz inteiramente, quando a alma não é pequena, tudo vale a pena, como diz Fernando Pessoa. Aposto em jogar-me por inteiro no que faço, aposto em uma ideia e a ela me entrego. O resultado não importa, a graça está no mundo que essa aposta permite percorrer no pensamento, os encontros que gera, os mundos que te permite habitar.

ACS: *A filosofia é uma experiência que se faz com outros, em comunidade, segundo creio, propões neste sentido, no texto "Fundamentos à prática da filosofia na escola pública" (In:* KOHAN, LEAL, RIBEIRO, *(Orgs.). 2000), onde fazes referência à participação e dizes "acreditamos numa participação horizontal, igualitária, sem modelos ou paradigmas". Que queres dizer quando a chamas horizontal? Quais são as possibilidades dessa horizontalidade?*

WOK: Quero dizer que no pensamento não há ninguém por cima ou por baixo de ninguém. Ninguém. Que todos temos a mesma capacidade de pensar, para além da idade, gênero, classe social, etnia, o que diga o QI e essas outras coisas... A consequência imediata desse princípio é que não há quem possa pensar por outro ou falar por outro. Não há ninguém que possa dizer que pensa acima de outro porque, se dissesse isso, no mesmo gesto, estaria mostrando que na realidade está por baixo e necessita colocar-se em um plano de igualdade para poder pensar de verdade com outro, e não por outro ou para outro. Então, a igualdade, a horizontalidade, são modos de afirmar um espaço em que todos podemos pensar, de verdade, cara a cara, com o que fizeram de nós mesmos e o que podemos fazer disso. Como estarás notando as possibilidades que se abrem no pensamento são infinitas, porque é como abrir o espaço a um diálogo de verdade, a uma diferença efetiva, a uma alteridade que não se pode antecipar e com a que se pensa junto.

ACS: *Abro essa interrogação porque a horizontalidade, penso, é como a outra cara da vertical, de uma mesma moeda, daí que me interrogue: não pode ser a horizontalidade outro paradigma, que, como tal, cataloga e fecha outros possíveis modos de participar, de relacionarmo-nos? Poderíamos ir além da horizontalidade e da verticalidade?*

WOK: Bem, não sei se entendo bem o que queres dizer. Se o entendo, é interessante, sim, o que estás sugerindo. Por um lado seria um chamado a evitar as dualidades e simplificações. Estás pensando em algo como uma rede, um espaço sem coordenadas, sem eixos, sem linhas retas? Se é isso, me parece muito interessante, e quero pôr-me a pensar nesse espaço. Seria um espaço em que a horizontalidade e a verticalidade já perdem sentido porque não há um acima e um abaixo, uma mesma posição, uma referência que dê sentido a noções como as de verticalidade e horizontalidade. Gosto muito disso, é como radicalizar a ideia de horizontalidade que te coloquei. Gosto muito, sim, porque o sentido do que te colocava na pergunta anterior se aprofunda e expande. Nesse lugar haveria menos lugar para as hierarquias, elas quase que perdem o sentido. Então, parabéns. Obrigada pela pergunta-sugestão.

ACS: *Igualdade e horizontalidade, ausência de modelos e paradigma, dito na universidade e na escola. Como foram recebidas essas ideias pelos professores com os que trabalha em ambos espaços educativos? A que se deve essa receptividade (seja esta qual seja)?*

WOK: Das mais diversas maneiras... Muita gente se entusiasma e embarca na viagem e deixa a vida nela; ou melhor, deixa uma vida e embarca em outra. Outras, com indiferença, e outras combatendo esta ideia. Há de tudo nas instituições educativas, como fora delas. Com os professores e professoras é muito interessante. Alguns parecem que estavam toda a vida esperando ou se preparando para embarcar neste projeto, e sua prática ganha muito em força e alegria. São os que somam energia, dobram a aposta, ampliam os sentidos. E estão também os que conhecem o projeto e se preocupam em entendê-lo, querem apostar nele, mas simplesmente preferem outros caminhos, com igual legitimidade e interesse, às vezes, antes de experimentá-lo ou depois de algumas tentativas. Disso se trata. Trata-se de filosofia e infância, e portanto não somos nem melhores nem piores que ninguém. Não se trata de um grupo de eleitos, visionários, missionários... não, nada disso, compartilhamos um espaço pela alegria e a força com que contamina o pensamento, pelos sentidos que abre em nossas vidas, mas estamos longe de pretender unanimidade, ou hegemonia, ou de que quem não compartilha estes sentidos tenha algum problema, ou algo assim. Quanto às razões pelas quais as pessoas recebem o projeto de reunir filosofia e infância, as há dos mais diversos tipos e aspectos: culturais, institucionais, históricas, sociais, filosóficas, pedagógicas, enfim, a pergunta é demasiado complexa para dizer algo sensato em poucas linhas.

ACS: *Tive a oportunidade de conhecer um pouco da experiência no Rio de Janeiro. Uma das coisas que mais me chamou atenção, e esta se expressa também na descrição do projeto, tanto de "Filosofia na Escola em Brasília", como "Em Caxias, a filosofia en-caixa?, no Rio de Janeiro, são os espaços de reunião. Reuniões com as crianças, reunião dos professores que participaram do encontro com as crianças, reunião com todos os professores que participam do projeto... Que acontece nessas reuniões? Como elas fazem parte do que se chama filosofia com crianças?*

WOK: Pois nós tratamos de trabalhar sempre da mesma maneira, com meninos e meninas, com os docentes das escolas, entre os estudantes e professores da universidade: nossos espaços de formação são sempre marcados pela lógica da experiência: nós nos reunimos para experienciar o pensamento e pensar a experiência. Este é o duplo movimento que afirmamos sempre, ou ao menos tratamos de fazê-lo e, para isso, nos reunimos, para insistir e aprofundar o valor e o sentido da experiência de pensar juntos o que nos interessa. De modo que nosso modo de trabalho segue essa lógica em que pensamos, experimentamos o pensar e ao mesmo tempo nos distanciamos dessa experiência no próprio pensamento para voltar sobre ela e desdobrá-la um pouco mais, dar-lhe outra volta, revolver um pouco seus sentidos. Creio que este é o jogo da filosofia: com crianças, adultos ou com quem seja.

ACS: *Uma última pergunta, sem ser este o fim, baseada naquela ideia deleuziana e spinozana que apresentas no livro:* Infancia, política y pensamiento (2007a) *e que te leva à interrogação aberta: Que pode uma criança? Pergunto-me e te pergunto: Que pode um professor? Que pode o encontro entre um adulto e uma criança?*

WOK: Pois pode muito, às vezes muito mais do que estamos dispostos a pensar. Acostumamo-nos demais a essa imagem da escola como uma instituição disciplinadora onde parece que nada pode ser feito. Mas essa visão é bastante parcial e esconde que nenhuma instituição é perfeita, nem pode desconhecer e que onde há seres humanos há sempre potencialidade de resistência. Um professor pode o que todo ser humano pode: pensar no que está sendo, problematizá-lo e abri-lo a outros modos de ser. E o mesmo em relação ao pensamento e à vida: pode questionar-se por que pensa da maneira como pensa, por que vive da forma em que vive... Neste sentido, nós professores temos, na escola, um privilégio: encontrar-nos com meninos e meninas que, em muitos casos, estão muito menos domesticados que nós adultos, e então podem nos ajudar a abrir nosso pensamento ao que parece óbvio ou natural para nós. Isso significa encontrar-se com a infância de meninos e meninas. Claro que a infância não é só uma questão de cronologia e às vezes pode vir de jovens ou de adultos. Mas, em todo caso, não deixa de ser significativo que na escola se pode dar um encontro com a infância. É questão de estar atento e não deixar passar a oportunidade do encontro.

Capítulo VIII

> *A filosofia para mim é uma forma diferente de ver as coisas. Poder pensar no que elas são, de onde surgiram. Filosofia é pensamento e diálogo, é a conversa que nos faz pensar cada vez mais no "por quê?", no "o que é?".*
> *É isso que é a filosofia para mim, na minha vida. Filosofia se resume em pensamentos e perguntas.*
> *A filosofia mudou a minha vida com certeza. Agora tenho mais interesse em pensar nas coisas, tenho mais paciência, mais calma e consigo conversar com outras pessoas sem ter vergonha, sem pensar que vão rir de mim.*

Juliana Muniz da Silva Rodrigues

Repensando, com outras vozes, os sentidos de filosofar

Walter Omar Kohan
Beatriz Fabiana Olarieta
Jason Thomas Wozniak

Desde o ano de 2005 o Núcleo de Estudos Filosóficos da Infância (NEFI) organiza uma experiência anual de formação com propósitos que variam a cada edição. Em 2008 vincula-se ao desenvolvimento do projeto "Em Caxias, a filosofia encaixa? A escola pública aposta no pensamento" e se realiza no *campus* do Centro de Estudos Ambientais e Desenvolvimento Sustentável (CEADS) da UERJ localizado em Dois Rios, Ilha Grande, estado do Rio de Janeiro. São cinco dias de imersão em um contexto natural e cultural que favorece a intensidade do trabalho.

Dessa experiência participam os integrantes da equipe e as professoras envolvidas no projeto, mais alguns convidados, que realizam uma imersão intensa na prática do filosofar. Nela, o importante não é transmitir conteúdos ou informação sobre o que deve se ensinar ou como deve ser ensinada a filosofia na escola, mas compartilhar um exercício permanente do pensar que interroga os sentidos criados e cria possibilidades para o surgimento de outros.

Na edição 2011, depois de três anos de andamento do projeto do NEFI, surgiu a necessidade de reconsiderar seu sentido e o das práticas que ele propicia, com pessoas que trabalhassem a partir de marcos teóricos, metodológicos e práticas diferentes. Com o intuito de compartilhar experiências que permitissem "re-pensar" e enriquecer o trabalho em Caxias, nesse ano, sob o título "Pensando com outros os sentidos do filosofar", decidiu-se abrir a experiência a um maior número de pessoas externas ao projeto, que não só estão vinculadas à prática da filosofia com crianças senão que também têm uma trajetória reconhecida dentro da área e formas concretas de trabalho em diferentes países.

A proposta foi que os convidados realizassem uma experiência de pensamento tal como eles costumam fazer com crianças ou adultos em escolas, universidades, centros de educação não formal etc., para depois refletirmos sobre essa experiência. Nesse segundo momento, cada apresentador abordaria algumas das questões que estavam inquietando os integrantes do projeto de Caxias. As seguintes perguntas foram enviadas aos convidados para serem consideradas na sua proposta de experiência e num texto escrito, que apresentaremos a seguir:

1. Quais são as ideias, os problemas e os sentidos principais que permeiam seu trabalho?

2. Por que chamar a sua prática de filosofia e não simplesmente de pensamento? Ou seja, qual é a especificidade filosófica do que você faz?

3. Como pensar a formação docente para filosofar com crianças?

4. Quais os pressupostos epistemológicos (e/ou estéticos, políticos...) da sua prática?

5. A prática filosófica pode ser avaliada? Como?

6. Em que medida Matthew Lipman teve influência no seu trabalho?

Nesta parte disponibilizamos alguns dos textos ali apresentados, começando pelo próprio texto do NEFI.

Quais são as ideias, os problemas e os sentidos principais que permeiam seu trabalho?

O trabalho afirmado nas escolas e na universidade almeja que tanto crianças quanto adultos envolvidos:

- pensem com mais cuidado a própria prática;
- estejam abertos a considerar outros pensamentos;
- sintam-se capazes de pensar de igual para igual com qualquer pessoa;
- pensem de forma cooperativa ainda ou, sobretudo, com quem pensa diferente; e
- queiram dar mais atenção a seu próprio pensamento como forma de autotransformação.

Os princípios norteadores do Projeto "Em Caxias, a filosofia en-caixa?" são:

- a *problematização* como maneira de abrir os espaços onde habitualmente não há perguntas;
- a investigação criativa como modo de compor e recompor o pensar e o sentir; de reconfigurá-los e fazê-los proliferar;
- o *diálogo participativo*, aberto e fundamentado, na inter-relação com os outros.
- o *trabalho colaborativo*, enquanto forma de se envolver nas práticas educacionais;
- a *resistência* frente a toda imposição;
- o *enriquecimento* da vida, para tornar mais complexo o mundo e explorar outras dimensões da existência;
- o *exercício* permanente sobre o próprio pensamento, sobre as ideias com as quais nos lemos e lemos o mundo;
- a *igualdade* das inteligências dos participantes como seres capazes de pensar sem distinção de idade, lugar institucional, cor de pele, opção sexual etc.
- a *experiência* como modo de se abrir ao novo e se relacionar com o próprio pensamento;
- a *diferença* como afirmação da irredutível singularidade da vida.

Por que chamar a sua prática de filosofia e não simplesmente pensamento? Ou seja, qual é a especificidade filosófica do que faz?

Num sentido, seria interessante responder a pergunta e tentar justificar por que sim ou por que não se está fazendo filosofia. Por exemplo, poderíamos circunscrever a definição de filosofia a uma definição qualquer, de um determinado filósofo, e justificar que o que fazemos em nossa prática se ajusta a essa definição ou reconhecer que não o faz. Por exemplo, se considerássemos que a filosofia é a criação de conceitos, como afirmam Deleuze e Guattari (1993), então, a resposta a essa pergunta é claramente não, não estamos fazendo filosofia em Caxias segundo essa concepção. Mas se, a partir de uma inspiração bergsoniana, concebemos a filosofia como uma forma de estender, aprofundar e intensificar a nossa visão, talvez possamos dizer que estamos fazendo exercícios filosóficos em Caxias. Ou citando Bergson (2006a), podemos dizer que a filosofia é uma prática em que aprendemos a perceber e atender o mundo (também as pessoas e nós mesmos) de outras formas. E também isso fazemos em Caxias. Ou ainda segundo outra referência a Bergson (2006b), se a filosofia é a conversão do olhar do que serve a interesses práticos em direção ao que não serve a qualquer interesse prático, então talvez também estejamos fazendo filosofia. Ainda para continuar com outro francês, M. Merleau-Ponty diz na introdução à *Fenomenologia da percepção* (1994): "A filosofia é reaprender a ver o mundo". Talvez isso também estejamos fazendo. Em algum sentido, isso fazemos em Caxias (nas "melhores" experiências, as que "dão certo", que não são todas, mas também na formação dos professores). Finalmente, seguindo uma longa tradição que remonta à filosofia grega, e que outros dois franceses, P. Hadot (2004) e M. Foucault (2004), exploraram longamente, a filosofia seria, mais do que qualquer outra coisa, um "exercício espiritual", uma busca da verdade que supõe uma transformação vital de si. Talvez, também possamos dizer que isso fazemos. E assim poderíamos continuar. Considerar definições de filósofos para justificar que o que fazemos é ou não filosofia.

Contudo, em outro sentido, talvez seja mais interessante deixar essa tensão sem resolver, em vez de tratar de defender que nossa prática é filosófica. Talvez, a questão de fundo mais importante não seja se o que fazemos é ou não é filosofia, mas o que fazemos e por que o fazemos. Nesta segunda opção deslocaríamos o interesse: já não seria tão significativo se o que fazemos é ou não é filosofia, mas se tem valor e sentido que o justificam, para além do nome disciplinar que receberia.

Como pensar a formação docente para filosofar com crianças?

O nosso projeto afirma espaços diferenciados de trabalho com estudantes (crianças e adultos) e com professoras. Depois das experiências com as crianças destina-se um momento com as docentes para refletir sobre essas experiências e traçar algumas linhas pelas quais se encaminhará o próximo encontro. Também se realizam reuniões na universidade com algumas das professoras envolvidas. Esses espaços poderiam facilmente ser pensados como espaços de "formação docente".

A proposta de levar a filosofia à escola não é considerada no projeto como o transporte para a escola de um conteúdo que poderia ser considerado filosófico, mas como a possibilidade de abrir nela um espaço para o filosofar como verbo, para se entregar a esse particular exercício de pensar. O filosofar é visto aqui como uma experiência, como um trabalho sobre o sentido: sobre o sentido do que somos e do que nos acontece. É precisamente por isso que essa experiência é própria, única e intransferível. A lógica da "formação", portanto, não pode escapar à lógica da experiência. O que nos acontece nos afeta particularmente, afeta a relação que temos conosco e com o mundo. Essa relação não pode ser reproduzida, não pode ser passada para outro (o outro não pode atravessar minha experiência).

Desde a perspectiva experiencial, a filosofia, ou melhor, o filosofar é inconciliável com a ideia de um modelo, de uma forma previamente determinada à qual haveria que se ajustar. Se a experiência de pensar não é nem um conteúdo nem um mecanismo, a ideia tradicional de "formar" como um "moldar" a outro para garantir essa experiência deve ser descartada ou, no mínimo, seu sentido deve ser reformulado.

A possibilidade de aprender, diz G. Deleuze (2003), tem a ver com tornar-se sensível aos signos do mundo. Tem a ver com um devir sensível à complexidade do mundo, a sua essência complicada. Pensamos quando somos compelidos, quando nos deparamos com essa multiplicidade. Esse movimento se opõe àquele que se ocupa de ajustar a um padrão unívoco predeterminado. Mas também aprender é rememorar, diz Sócrates no *Mêno*. O problema do aprender leva-nos portanto aos problemas do tempo e da memória.

As ideias apresentadas abrem um campo de questões; se o exercício de pensar não responde à lógica da transmissão de um conteúdo, quando nos encontramos com as professoras nas escolas ou na universidade não é para passar para elas um conhecimento conceitual ou de qualquer outra ordem. Nesse caso, a partir de qual perspectiva é interessante abordar o trabalho de introdução, convite ou abertura ao outro para a atividade, exercício de pensar? Sobre qual dimensão dessa tarefa concentrar nosso trabalho? Como introduzir e como acompanhar alguém que está disposto a embarcar nessa experiência? De que maneira gerar ao mesmo tempo confiança e oferecer elementos que o outro precisa para percorrer seu próprio caminho? Como tornar essa possibilidade aberta para outros que chegam?

Por outra parte, a experiência não pode ser garantida. Não só é intransferível e pessoal como também é imprevisível. Irrompe, se faz presente sem prévio aviso. Não há método que assegure seu acontecimento, não temos como garantir o que nos afetará e de que modo nos afetará e reconfigurará ou não nosso sentido do mundo. Então também não teríamos um método a ensinar às professoras que lhes assegure que, seguindo determinados passos, conseguirão obter por resultado uma experiência de pensamento.

Se não temos conteúdo e não temos método a transmitir, como dar consistência a um espaço que se espera que seja de formação ou de introdução de professoras numa prática? O que fazer também com a história do que usualmente se chama filosofia? Que relação afirmar e propiciar com essa tradição do pensamento?

Temos certas intuições que nos indicam o que devemos evitar, mas temos dificuldades para pensar em forma afirmativa a tarefa, tanto que não temos nome para designar a função daqueles que trabalhamos com as professoras. Não somos professores porque nada ensinamos. Não somos mediadores, porque nada transmitimos e nada nos está esperando para ser aproximado. Não somos facilitadores, porque pensamos que a filosofia tem a ver mais com dificultar do que com facilitar. Como pensar e nomear isso que fazemos? Qual a natureza ou sentido dessa tarefa?

Considerar nossa atividade como um trabalho sobre a atenção poderia oferecer um caminho interessante para indagar o sentido de nosso fazer na escola com as professoras. Centrar nossa tarefa com elas e com as crianças no cuidado e na construção de um estado de atenção permitiria trabalhar sobre a qualidade das experiências que pensamos e realizamos cada semana. A atenção é uma forma de relação com algo que demanda certo esforço e que parece criar um âmbito de intimidade com o que nos relacionamos; a atenção não é um conteúdo e também não é um método e, assim como a experiência, ela propicia uma particular forma de sermos afetados pelo mundo. Voltando a uma das referências a Bergson (2006a; 2006b) na resposta anterior, uma forma de atenção e de dirigir a atenção poderia dar o tom da filosofia. Mas também o trabalho sobre a atenção é compartilhado por outras disciplinas (sobretudo a arte, mas não só), o que nos leva novamente à pergunta anterior e, em outro sentido, se poderia colocar em questão se o trabalho sobre a atenção dá conta das diversas dimensões que comporta uma experiência de pensamento filosófico.

De qualquer modo, quando embarcarmos na experiência de pensar, nossa preparação e a preparação das professoras poderia ser pensada basicamente como um processo de sensibilização, como um exercício sobre o tornar-nos sensíveis ao movimento, à complexidade do mundo que exige um tipo de trabalho que se assemelha mais ao trabalho do poeta, do pintor que ao do técnico, que não atua guiado por uma "atenção" no aperfeiçoamento de formas preestabelecidas, mas com uma atitude de "dis-tensão", de afrouxamento dessa tensão que o liga a interesses práticos e se entrega à exploração dessas formas, ao trabalho sobre os limites dessas formas, à "de-formação", à "trans-formação" do mundo habitual, à sua "re-invenção". Formar suporia ajudar a "des-aprender" hábitos típicos do fazer do professor que inibem a experiência no pensamento e estranhar o que esse fazer incorporou de típico ou normal.

Considerar essa tarefa como um trabalho sobre a atenção adquire o sentido de dedicar-se a um exercício sobre o deslocamento da atenção seletiva que reduz nossa percepção, sobre a possibilidade de que ela ceda e nos permita distrair-nos. A distração seria uma característica de um trabalho sobre a disposição para a experiência. Estar distraído é estar fora de um foco que se concentra em um único objeto e se torna impermeável ao que escapa de seu limite. Distrair-se é a possibilidade de tornar-se sensível àquilo que temos aprendido a tornar-nos impermeáveis.

Nesse sentido, poderíamos dizer que a filosofia não é útil ou instrumental. Ela não é "instrumento para" a democracia, a formação de cidadãos críticos, criativos, bem-sucedidos ou qualquer outra coisa. Pelo menos, num modo muito forte atualmente, a utilidade e a instrumentalidade respondem à lógica da produção, ao desenho de meios e etapas para conseguir alcançar objetivos previamente traçados. Entrar nessa lógica implica restringir nossa capacidade de percepção, supõe reduzir nossa capacidade de ser afetados pelo movimento desse mundo que está aí, ainda que não consigamos pensá-lo. Podemos ficar alienados pelo interesse e pela funcionalidade emergentes e corremos o risco de não perceber o que não há de utilidade imediata ou a longo prazo. Ao contrário, quando esse impulso se detém, os interesses utilitários ou instrumentais se relaxam e podemos dar lugar aos desvios que trazem notícias desse outro mundo que habita neste e que só se mostra quando renunciamos a buscar sabendo já de antemão o que encontrar.

Num projeto que pretende entregar-se ao filosofar como uma experiência de pensar com outros, colocamos a possibilidade de que o trabalho que realizamos com as professoras seja um trabalho de formação sim, mas que essa formação possa adquirir o sentido de uma exploração das formas, dos contornos das palavras e das ideias que fixam e petrificam a vida para poder agir, como um trabalho de "trans-formação" da atenção.

Quais os pressupostos epistemológicos (e/ou estéticos, políticos...) de sua prática?

Centremo-nos na questão política: trata-se de afirmar um espaço político "interessante", propiciador de potência, transformações, novidade. Duvidamos da lógica da emancipação política, a que já sabe o mundo que deve ser abandonado e o mundo que deve ser imposto. Duvidamos da filosofia a serviço da transformação social e também da filosofia dita democrática, tão própria de nossos tempos. Contudo, a questão parece mais complexa. Desde seu início, desde Sócrates, a filosofia vive um paradoxo político quando ela se dispõe a ensinar ou a ser aprendida sem um compromisso político explícito. Sócrates não sabe e por isso é sábio. Ele não teria nada a ensinar e nenhuma política a defender. De fato, mostra-se crítico em relação aos democratas e aos aristocratas. Porém, há muita política na sua prática. Ele não foi mestre de ninguém, declara. Mas outros aprendem com ele. Por isso foi acusado de corromper os jovens. Por isso muitos se dizem socráticos. O que aprendem os que aprendem com Sócrates? A saber que não sabem o que acreditavam saber. Embora todos aprendam a deixar de saber algo diferente, todos aprendem o mesmo: que não sabem o que acreditavam saber. Surpresa. Paradoxo: o não saber se torna um saber, o saber. Os que aprendem com Sócrates só podem aprender o que Sócrates já sabe: que não sabem. Assim todos reproduzem o saber de Sócrates, o confirmam, o legitimam. Mas também o saber não saber liberta, emancipa, transforma, abre espaços, revoluciona. Eis o paradoxo político de ensinar filosofia. É possível/desejável/interessante ensinar um saber que já se sabe, mesmo que ele seja um saber não saber? É possível, interessante, importante, ser ainda mais radical e nada saber sobre o saber que se sabe e os saberes que eventualmente possam ser aprendidos? Qual o valor político de propiciar experiências de pensamento? Uma política da atenção? Da "dis-tração"? Da "trans-formação"? Todas elas são sem forma? Para que então afirmá-las? Por que trazê-las ao mundo?

A prática filosófica pode ser avaliada? Como?

Consideramos que a grande pergunta é como podemos dar um valor à experiência de pensar, particularmente à experiência de pensar filosoficamente. Obviamente qualquer tentativa de quantificar ou medir uma experiência filosófica é, se não impossível, pelo menos pouco interessante pelas consequências "formativas" que pode ter e as tentativas de fazer isso podem transformar a própria experiência até o ponto em que ela deixe de ser experiência filosófica. Inspirados em Hadot (2002) pensamos que a experiência filosófica é eternamente incompleta, pois a experiência fica conosco e às vezes aparece no próprio pensamento para ser pensada de novo. Mas como avaliar essa experiência que, em muitos casos, sequer se manifesta externamente?

Na teoria da história há bastantes pensadores (Dilthey, Ankersmit, Jay etc.) que consideram que às vezes é possível "reviver" experiências passadas, ou pelo menos sentir os sentimentos do passado, pensar os pensamentos do passado como se eles fossem presentes. É possível estimular a rememoração de uma experiência nos alunos que estão filosofando? Ou seja, é possível propiciar *mementos* (souvenir; palavra que em francês significa 'memória') que um dia vão nos levar a pensar e sentir novamente na mesma experiência? Talvez sim, talvez não, ninguém pode controlar nem predizer isso, mas talvez se tenha uma experiência de *reviver* a experiência de novo, para dar outro valor à experiência. Teria a filosofia a ver com propiciar essas rememorações? Se for assim, qual seria o sentido de avaliar uma tarefa eternamente aberta e incompleta?

Freud (1988, 1996) pode nos ajudar a pensar no sentido de voltar sobre aquilo que sempre é incompleto e aberto. Ele, a partir de seus primeiros trabalhos sobre o trauma, mostra que o sentido se constrói a *posteriori*, depois de a experiência (ou a vivência) ter acontecido. Olhando para trás procuramos e recriamos o sentido dos fatos. Desde esta perspectiva, o momento da avaliação pode ser pensado como a abertura e a garantia de existência de um espaço para o "depois": depois que se fez, depois que se sentiu, depois que se pensou. A avaliação seria então, um momento de releitura, de reelaboração, de volta, de retrabalho sobre os restos que ficaram, sobre os rastros que nos permitem continuar a explorar os próprios sentidos, um trabalhar sobre o sentido que atribuímos ao mundo de outra maneira. Essa volta atrás, esse "depois", essa "posterioridade" seria também um "dentro" da experiência filosófica, uma continuação da mesma desde outra perspectiva.

Em que medida Matthew Lipman teve influência no seu trabalho?

Aqui devemos separar um pouco as trajetórias individuais. Eu, Walter, respondo que a influência de Lipman tem sido decisiva, no meu trabalho e na minha vida. Conheci-o faz quase 20 anos, em um dos cursos intensivos de Mendham, e me ajudou a mudar completamente minha relação com a filosofia e a educação. Abriu-me um mundo. Desde então, meu entusiasmo e compromisso com filosofia para crianças foram sempre crescentes, ao mesmo tempo em que cresceu, nos últimos anos, uma necessidade de recriar essa ideia sobre novas bases práticas, metodológicas e teóricas. Tenho escrito sobre isso, e não vale a pena repetir aqui o escrito. Em todo caso, conhecer e praticar a filosofia para crianças tal e como a concebia Lipman tem sido para mim uma condição para ser o que sou.

Os outros integrantes do projeto temos feito nosso primeiro contato com Lipman a partir da proposta do Walter. Chegou-nos um Lipman já repensado e reformulado por ele. Lipman é um referente na nossa prática, na qual mantemos alguns aspectos centrais de sua proposta: o diálogo coletivo, a roda de conversa, a valorização do pensamento das crianças, o uso de textos que estimulam o pensamento, entre outros. Admiramos sua valorização da dimensão problemática das disciplinas (matemática, história, ciência etc.) e de como a filosofia nas salas de aula pode ajudar os alunos a problematizar outros saberes. Admiramos também como levou a sério a prática da filosofia com crianças, o rigor com que a pensou e praticou. Mas nos afastamos em alguns dos sentidos que permeiam e impulsionam nosso trabalho: não respondemos ao programa por ele desenhado (ainda que, em ocasiões, recorramos a alguns textos das novelas ou manuais), nosso trabalho não se centra tanto na aquisição de habilidades lógicas quanto no trabalho sobre os limites do próprio pensamento e a novidade que isso pode aportar para poder ver-nos, dizer-nos e viver-nos de outras maneiras (com as consequências políticas que isso implica).

Giuseppe Ferraro[1]

...ideias, problemas, sentidos...

As crianças estão no início da vida. O que me leva a fazer cursos de filosofia com crianças e, na prisão, com os adultos, como na periferia da cidade, é a ideia que a filosofia seja a disciplina de estudo que se aplica às questões extremas, ao confim entre a vida e a existência, portanto, ao confim do mundo e da vida. Mas é um com/fim, o extremo da vida e o extremo da existência, entre a vida e o mundo, entre o tempo do dia e da noite, aquele das estações e aquele da vigília, do sono e da insônia, do habitar, um confim de morar e morrer, de estar e passar, dentro da cidade. Um confim os mantém juntos, confim que é de um e do outro sem ser de um e de outro.

Husserl denominou *Lebenswelt,* mundo da vida, àquela região que toca a lógica do vivente, isto é, a lógica que mantém junto e conecta fenômenos e intenções. Aquele mesmo mundo da vida se dá na relação entre voz e palavra, assim como entre verdade e mentira, entre eterno retorno e tempo histórico. Quando a voz está sem palavra, o mundo acaba. Permanece sem vida. Quando a palavra não é a voz, o mundo se torna abstrato, separado da vida.

Os limites da cidade são limites de vozes. A cidade acaba onde a voz é atordoada ou desaparece em um grito. Trazer a filosofia às fronteiras da cidade significa ouvir a demanda da verdade do saber, da democracia, da comunidade. Trazer o saber onde não há saber significa perguntar que é a verdade do saber, a sua exigência. Levar a democracia onde não há democracia

---

[1] Tradução de Ingrid Müller Xavier. Giuseppe Ferraro é professor da Universidade de Nápoli, Itália. Ele pratica filosofia em escolas, prisões e outros locais, fora da universidade. Organiza os seminários de formação de Camerota, há mais de 25 anos. Criou uma escola de filosofia. E-mail: ferraro@unina.it

significa aprender a verdade da democracia. Aprendendo a se adaptar, para renová-la, para entender por que e como não houve nenhuma mudança.

Platão, no diálogo *Crátilo*, refere a verdade ao flutuante movimento divino, enquanto que a mentira, ao contrário, enrijece, bloqueia o movimento divino que é o fluir da vida.

Ter um modo de levar o mundo à vida e colocar a vida no mundo é propriamente isso que leva toda ideia a fazer considerações sobre a alegria, a felicidade, o bem, o justo e o verdadeiro. Não é se perguntar que é o bem, o que é o justo e o verdadeiro, mas como ser verdadeiro, justo e bom, por isso não é o que é o bom, mas ser bom, verdadeiro, justo, belo. Uma só ideia acolhe todas as outras: é aquela que liga mundo e vida, existência e vida, *bíos* e *zoé*, o vivente e o existente.

Outro dia, crianças de cinco anos perguntavam quem era o filósofo. Estávamos no nosso quarto encontro de filosofia. Pela primeira vez havia escolhido fazer filosofia com crianças tão pequenas, que não sabem ainda escrever e estão no início da vida e do mundo, tão próximos de uma, ainda na descoberta do outro. Falávamos quem era o filósofo. Annagiulia é a mais nova do grupo, mas fisicamente a maior. Uma constatação que logo levanta uma consideração sobre como o corpo está presente na organização da linguagem, quando não é ainda clara a distinção entre a mente e o corpo, ou melhor, quando ainda o corpo não foi rechaçado por meio da alma e da mente. Quando perguntamos o que é mais importante para viver, as crianças costumam dizer, "as mulheres", não "a mulher", mas no plural, fazendo-me considerar como naquela idade se dá o plural e não o universal.

O corpo pensa, e pensa no plural. Um corpo sem órgãos, ainda não vivisseccionado em partes pela lógica do reconhecimento universalista. Perguntei-me quando se dá uma tal separação do corpo e da mente, quando se passa do plural ao universal, dos muitos ao uno, quando, por isso, se estabelece uma memória. Respondi-me que é a dor que provoca a separação entre o corpo e a mente. É a dor a fazer do corpo um objeto de cuidado, uma coisa que está lá, fazendo do pensar aquilo que se ocupa do cuidado. A memória da mente é feita de seleções, de recortes, de dor. Mas é uma memória diversa daquela da vida. Move-se desde uma ordem descontínua, a da vida, é uma memória sem memória.

Os sentidos e a memória. Tento me explicar melhor: Se a memória retém, preserva, a vida se preserva sem preservar. Uma memória sem memória. Uma conservação sem conservação. Sua conservação é dada em *"conatus"* na unidade, um impulso. É como na vontade sem vontade, que será ouvida em nossa vontade individual, como vida pessoal, subjetiva, e que ultrapassa a própria vida individual, a excede. A Vida se preserva no excesso. A infância pode ser vista como um excedente sem excesso, porque é em seu início, quando não há uma medida que indica o excesso. A infância é excesso puro da vida. A criança excede sem excesso. A criança é exigente. Como a vida. Que sentimos dentro de nós como o desejo. A vontade sem vontade da vida se sente em nossa vontade individual como excedente, como desejo. A vida se preserva sem preservar-se. A memória sem memória. E é só na prática do "sem" que nós, como sujeitos individuais, nos aproximamos de sentir algo como a vida. A manifesta intenção de Platão era escrever sem escrever, como no *Simpósio*, em que fala de "uma voz sem voz". Uma palavra sem palavra. Se refletirmos, a filosofia é saber sem saber. Um conhecimento sem conteúdo. Memória sem memória. Reminiscência. A memória do que foi vivido em outra vida. Na vida do outro. A memória que está dentro da comunidade do mundo.

Só então é a vida, enquanto ela vive. Só então poderemos afirmar para preservar o que temos na vida (*bíos*) a vida que somos (*zoé*). E é difícil. Não podemos. Uma possibilidade sem possibilidade. A filosofia se move nesse requisito. Ela se move em uma memória que tem apenas pela segunda vez. O significado reside na palavra. O sentido está na sua voz. Manter juntos o sentido e o significado significa manter juntos voz e fala. Como se fala com seu amigo.

No fundo, em filosofia se trata de chegar à ideia por meio de um sentir e levar um tal sentir a um sentimento no qual se revela a tarefa do vínculo entre a existência e a vida. Um vínculo de liberdade, pois se é livre somente quando se é mais de um, pelo menos dois, em todo caso não um. Há vínculos que aprisionam e vínculos que liberam. Os importantes são os vínculos que permitem manter juntas a existência e a vida.

O que faz então o filósofo? Annagiulia responde que o filósofo pensa. Que é pensar? Alfonso responde que é servir-se das coisas, Antonio acrescenta que é para transformá-las em outras coisas, Martina continua dizendo que se pode transformá-las com as ideias, e Piergiorgio acrescenta ainda que, no entanto, as ideias devem ser belas, porque, retoma Antonio, acontece que fazem mal se não são belas e causam desordem, Alfonso diz caos, Annagiulia pergunta que é caos. É como o espaço do qual se falava outro dia, retomo. Recordando Tales que inventou o espaço, no encontro precedente, perguntei que havia antes de o espaço ter sido descoberto, Martina responde que antes do espaço era o espaço, porque as coisas descobertas já estavam antes. Mas que era o espaço antes que fosse o espaço, foi a pergunta a seguir. Alfonso responde que antes do espaço era o céu. Era, portanto, a área na qual depois vêm as linhas que se desenham desde um ponto a um outro imaginário ou visível para uma estrela ou uma ilha. E o que é antes das ideias, dissemos, é o pensar, mas confuso. As ideias são como as linhas do espaço do pensar.

Depois, projetamos no teto a imagem da *Escola de Atenas* de Raffaello. Quando projetamos as imagens, as crianças tiveram a tarefa de narrar-se na imagem, entrar no quadro, segundo um esquema de tempo e sentido, de lugar e sucessão. Quando projetei a imagem *Escola de Atenas* de Raffaello, era para fazer com que elas identificassem quem poderia ser Platão entre os filósofos da pintura. Estávamos desenvolvendo o encontro falando precisamente de Platão. O reconhecimento se deu em pouco tempo. Platão é aquele de barba, o mais velho, como são os filósofos, mas tem ombros largos como foi dito e depois há o dedo voltado para o alto. É preciso ser velho. Os filósofos são todos velhos e crianças. Um filósofo é um velho e uma criança, juntos.

Todo percurso formativo é levado a considerar esse vínculo, mas é assim também em toda relação e vínculo entre os indivíduos, todo vínculo de estudo, de amor, de ação, todos, todos são representativos daquele único vínculo que subjaz a todos os outros que é o vínculo entre o vivente e o existente.

O problema é que uma tal ideia para ser seguida e articulada na prática deve poder levar a filosofia aos lugares de confim, aos extremos, portanto, fora dos muros da academia, para ouvir sua palavra. "Filosofia fora dos muros" é, pois, a denominação que vale expressar, não é uma posição *extra moenia*,[2] mas o "fora" significa um método, uma aplicação da disciplina e do estudo.

O estudo acadêmico da filosofia é decerto útil, mas, se fechado sobre si mesmo, monográfico e historicizado, corre o risco de fazer com que se perca a filosofia ou a tarefa do pensar e, portanto, a sua disciplina.

O "sentido" da articulação de tal aplicação é no Sentir, que é da filosofia assim como a conhecemos em seus modelos e na sua expressão, sentir que está em seu saber quando levada aos seus lugares de exceção, isto é, aos confins da cidade, aos lugares extremos da periferia, das favelas, das prisões, das escolas de penúria social.

---

[2] *Extra moenia* é uma locução latina que significa "fora dos muros da cidade". (N.T.)

A escolha dos lugares de exceção é feita para compreender como podem ser modificados, valorizados e renovados os percursos formativos, por vezes eles mesmos responsáveis pela dificuldade de inserção e de justiça social para uma convivência responsável.

Os lugares de confim de uma cidade são aqueles onde é maior o abismo entre voz e palavra, onde a voz é sem palavra ou a palavra não tem voz. O problema é como dar voz à palavra que busca expressar a exigência de mundo e como dar palavra a vozes que expressam um sentimento oprimido e excluído. O problema é, portanto, a relação entre o que é dito normal e aquilo que não é normal porque a normativa (escolar, jurídica, legal) não atende às exigências que possam ser postas pela escola e a cidade em uma relação que expressa uma escola da cidadania e uma cidade educativa.

Somado a essa consideração geral, afirma-se que o grau de democracia de um país se mede pelo estado das suas prisões e escolas; quanto mais as prisões forem escolas e quanto menos as escolas forem prisões, tanto maior será o grau de desenvolvimento da democracia de um país.

Os olhos das crianças guardam na sua mirada a exigência do vínculo entre o mundo e a vida, entre o vivente e o existente. Em seu olhar se manifesta a exigência mais própria da filosofia como prática de vida.

...prática de filosofia e não simplesmente pensamento...

A filosofia é a única expressão de saber que traz um sentimento em sua denominação. É traduzida como "amor ao saber", mas não é essa a sua tradução explícita. Não houve filósofo que não tenha feito a sua própria tradução da palavra "philosophía", que permanece transliterada do grego em caracteres das línguas europeias sem encontrar tradução direta. O que reflete que "philosofía" seja uma palavra intraduzível, isto é, na sua expressão a filosofia reclama a tradução do intraduzível. Essa é a sua prática, traduzir o intraduzível. Levar a vida ao mundo que não é a vida e dar mundo à vida que não é mundo. Levar à palavra aquilo que da voz é dado no tom. Traduzir o ser verdadeiro no dizer o verdadeiro. Colocar em palavra o sentir, dar lógica aos sentimentos, confiar a alma ao corpo escrito, isto é, confiar o corpo próprio à confissão da alma. Simplesmente dizer a verdade e ser verdadeiro.

Uma tradução impossível ou a tradução do intraduzível diálogo interior. Dizer-se no outro, em outro. Não a empatia, mas sentir-se como outro em si mesmo. Uma tradução. Um traduzir-se. Em Filosofia, é traduzir-se no outro, no amigo, na relação, sem introduzir-se mas traduzir-se. Um conduzir-se que está a meio caminho entre o eu e o outro, comum consigo, que é comum porque próprio e impróprio, como comum é a vida de todos e de nenhum, própria e imprópria. Imprópria como é a vida do vivente, própria como é a vida que existe. O amigo te traduz na vida como a "philiá" que dá vida como o amante para o amado.

A tradução "amor ao saber" é uma tradução. Indica uma prática, uma aplicação da filosofia. Se se quer permanecer na palavra "philosophía", a "philiá" indica no grego o vínculo mais importante, aquele que é caro, aquele que está no coração. "Sophía", por sua vez, indica o saber sabedor, o saber sapiencial. Aquilo que se sabe porque se sente. O saber na filosofia não é saber o que uma coisa é, mas, antes, o saber de alguma coisa, tendo sabor, colhendo o sabor. Em filosofia trata-se então de saber *como* tal *coisa* é aquilo que é. Não saber o que é, não um saber que define, mas um saber que saboreia e se tempera.[3] Um saber encarnado.

Agora será oportuno *traduzir* a palavra "filosofia" como "saber sabedor ou vínculo mais importante", aquele vínculo que permite a tudo ser verdadeiramente o que é. O vínculo da vida, o vínculo da infância.

---

[3] Jogo de palavras que se perde na tradução; no original *sapora/insapora*; *insaporare*: acrescentar sabor por meio de temperos ou molhos. (N.T.)

Em filosofia se trata a cada vez de ver o que falta naquilo que é para que seja verdadeiramente aquilo que é. Pode valer o exemplo: ver aquilo que falta ao Rio de Janeiro para ser verdadeiramente Rio de Janeiro, para ser o verdadeiro Rio.

Esta é uma mudança do olhar. Isso é um vislumbre. Ver o que está faltando no que há, para ver o que está escondido pelo que se vê. A ideia não é a coisa vista, mas a coisa que está sendo escondida pela simples presença do que é visto. Não por trás, mas naqueles que veem o movimento que dá a aparência. A ideia é como eu vejo isso em mim mesmo, como me sinto, como eu me sinto a ser um com o que estou vendo. A ideia do mundo é o que me faz sentir um com o mundo.

Trata-se de ver o que está faltando no que se vê, o que está oculto no visível. Não por trás, mas aos olhos de quem vê. O mundo não muda se não mudar a maneira de ver o mundo. E é um olhar para dentro. Não uma reflexão simples, mas uma incorporação. Um sentimento dentro das coisas, a experiência delas e perguntar o que é o relato da vida nelas e como é o seu viver. Na filosofia, ver e ouvir. Ouvindo ver. Vendo ouvir.

A filosofia sempre se liga ao pensar como ao próprio saber do saber, mas, como sua expressão, a filosofia pode bem ser entendida e se chamar o saber dos vínculos mais *importantes* e por isso representar-se como *educação dos sentimentos*.

...a formação docente para filosofar com crianças...

Não se pode ensinar filosofia, se pode ensinar com filosofia. Como se lê no *Mênon* de Platão, não é uma didática da virtude e dos valores, nem o pensar sapiencial, como se lê no *Banquete*, não se transmite como com o fio de lã que faz passar o vinho de um copo cheio a um vazio. Porém, é no *Sofista* e no *Fédon* que se compreende como o saber pensante em filosofia reclama a condição de ser das crianças. Os que precederam expressaram conceitos e ideias, falaram do ser indicando esquemas, dispositivos, que deslizaram para nós que viemos depois. Não basta o texto escrito para se fazer entender por aquele que tenta, porque com ele falta o diálogo, falta a narrativa feita pela voz, aquilo que os gregos chamavam mito, que não é uma narrativa antiga, mas uma narrativa precisamente feita de voz. Escutada. Assim como o artesão a quem se lhe pergunta como se faz responde "põe-te aqui perto e veja", um filósofo poderia responder a quem busca uma formação filosófica "fica aqui ao lado e escuta".

Platão diz que os filósofos que o precederam se tratam como crianças e são eles próprios depois como crianças. Sempre chegamos ao mundo como crianças da vida. Wittgenstein dizia que o mundo é como o encontrou, Husserl repetia que é preciso de novo retomar os significados e reportá-los ao grau de intencionalidade própria da consciência, naquele falar só consigo mesmo, sem voz, falando-se de dentro, assim como se fala quem escuta verdadeiramente.

Escuta-se agora com a voz. Isso se pode dizer do aprender em filosofia. Isso é próprio do fazer próprio. Escuta-se verdadeiramente quando se escuta com voz, quando então aqui se fala daquilo que o outro, um outro, uma outra diz. Assim, escutando com a voz interior se pensa e se vem a saber. Colocamo-nos em uma condição de verdade quando se vem a saber a verdade, não quando ela é sabida. É-se veraz quando se vem a saber a verdade, não quando se diz sabê-la, porque dizer a verdade e ser verdadeiro não indicam a mesma coisa, indicam antes o que só é requerido a quem faz filosofia: que o seu dizer seja aquilo que diz. Ser o que se diz que seja é propriamente um saber-de, não um saber-que, um saber o que se diz e não um saber dizendo o que significa. É sempre o outro, da outra parte, na escuta que a verdade se vem a saber. E é sempre imprópria, propriamente porque vem do outro, da outra, e isso que vem é só o representante da verdade. Não a verdade. Acontece como o eros, acontece como o amor que é o sentimento que vem do eros, do desejo de viver a própria existência, de ligar o vivente e o existente, o mundo e a vida, conservando a vida no mundo, dando vida ao mundo e mundo à vida. Um tal desejo que Espinosa indicava naquele *conatus sese conservandi* é a expressão mesma da vida nua assim como se dá na existência que a salvaguarda. Ama-se desse modo, sempre amando se vem a ligar a vida à existência e sempre que se ama é toda a própria vida que se ama. O outro que vem e é representante do amor como do sentimento que vem do desejo de viver e que se torna "querer", uma vontade imprópria, por ser própria da vida e que passa do "querer" à "vontade" no momento em que se a subjetiva tornando-a "própria", fazendo-a tornar-se enquanto vontade o próprio querer (de viver, de amar, de ser verdadeiro). Não basta, porém, querer, também ocorre sentir, e nem mesmo basta sentir, ocorre ligar-se, estabelecer um vínculo de amor quando se ama verdadeiramente.

O outro que vem traz o saber do próprio amor verdadeiro, que é verdadeiro enquanto outro que vem, outro em outro, em uma outra, em um outro que dele se faz representante e porta-voz. Na sua voz se escuta a voz do desejo, a voz do amor, assim como na sua existência é toda a minha vida, assim como se faz representante da vida e com a voz narra, como no mito.

Educar é um modo de amar. Exige uma tal escuta e uma tal narrativa que quem escuta se enamora e, falando, faz enamorar, transporta, fazendo-se com a própria voz metáfora daquilo que vem de outrem, um outro anterior e não ainda por vir. Não é didática por tudo isso. É disposição, é preciso dis/por-se, pôr-se de outro modo, pôr-se ao lado.

É preciso estar na condição das crianças para ensinar com filosofia às crianças. E as crianças quando narram inventam histórias que não sabem onde terminam. Os adultos conhecem a moral das fábulas, conhecem o final, aquilo que a fábula quer significar. Narram a fábula do bem e do justo, do verdadeiro e do belo. A fábula que narram é inventada entre aquilo que é encontrado. Não existem fábulas boas para sempre e para todos em todo momento. Não se são fábulas escritas. Os mitos não são escritos. E isso é "voz a voz" no encontro de outro em outro, em outros, na escuta se dá a condição da formação dos ensinantes que ensinam com filosofia às crianças como as mais jovens que sempre precisam de escuta para serem escutadas e para escutar, para ouvir, de dentro, a voz falar daquilo que o outro, um outro, uma outra diz.

A filosofia reclama uma formação que é bem diversa das imagens dos instrumentos de aprendizagem. Pode-se afirmar que não se pode ensinar filosofia, mas se pode, no entanto, ensinar com filosofia. A formação dos docentes assume agora o caráter próprio da aprendizagem, como acontece na oficina de artesanato. Em filosofia se trata de fato de um saber sapiencial, ou, como se lê no *Protágoras* de Platão, trata-se de um saber fazer, um saber incorporar: é preciso acrescentar um fazer próprio. O saber artesanal é tal porque é singular, um artesão não sabe do seu ofício segundo definições e explicações que permitam uma transmissão didática. O artesão, a quem quer aprender seu ofício, só pode fazê-lo convidando-o a aprender. Convida-o a permanecer próximo e a olhar como se faz.

Convidar. É isto, o convite, a disposição para ensinar com filosofia. O hóspede do convite torna quem hospeda convidado a uma troca que exige não crer saber aquilo que o outro, um outro, uma outra é e diz, porque toda vez no hospedar trata-se não de crer saber, mas de saber crer no outro, em um outro, em uma outra. Toda vez em filosofia é assim, se passa do que é a como algo é verdadeiramente aquilo que é. Não é nunca um objeto, não é nunca o acusativo,[4] mas o genitivo, o gerar, assim como nos relacionamos com o outro não no acusativo, mas

---

[4] O acusativo é o caso em latim que equivale ao objeto direto em português; o genitivo equivale ao adjunto nominal restritivo, com valor de posse; o dativo equivale ao objeto indireto. (N.T.)

no dativo. Em filosofia se trata sempre de um saber dativo e genitivo. Não acusativo. Próprio como é a amizade verdadeira: o verdadeiro amigo é quem não te julga, nem te justifica. Te pensa.

Aprender por convite a estar ao lado. O convite é, portanto, o primeiro passo para a formação dos docentes. Convidá-los a estar ao lado. Convidá-los a aprender, a fazer próprio, não a repetir. Convidá-los a ver. A se verem. Por isso, escutar. Porém, isso só se pode quando se escuta verdadeiramente. Escutando com a voz interior. Falando-se daquilo que o outro diz e mostra no seu dizer e fazer e ser.

Trata-se agora de um deslocamento que não é indiferente. Não é uma didática, nem se somos pedagogos formados. Nesse caso se perderia a filosofia. O problema não é compreender como se faz para fazer filosofia com crianças, mas como ser ensinantes com filosofia com as crianças, entre as crianças.

Husserl em seus anexos à *Krisis* retoma outras vezes a pergunta. E a modifica. A pergunta não é como se faz filosofia, mas como se tornar filósofo.

E esta é uma afirmação que subitamente produz *húbris* em quem a pronuncia para si. Não se pode dizer de si que se é filósofo. Mas se está em condições de sê-lo só quando outros podem dizê-lo no momento em que se dá o dar e aplicar a filosofia.

Pode-se agora pensar na formação dos docentes como nas oficinas dos artesãos. Participar diretamente, estar com as crianças, observar, escutar. Participar. Pode-se pensar na formação dos docentes como uma escola de filosofia.

Annagiulia é uma criança de cinco anos. Levo comigo dois chapéus de filósofo. Feitos à mão. Feitos de papelão. Algumas vezes levo comigo um objeto instrumento. No mais das vezes é um diapasão, uma lanterna, uma flor... desta vez o chapéu do filósofo. Quem o coloca deve expressar um pensamento. Pensamento importante. Annagiulia coloca o chapéu. Chamo também Alfonso. Um de frente para o outro. Que se falam com o chapéu do filósofo. Annagiulia diz querer convidar Alfonso à sua casa. Alfonso se emociona. É a primeira vez que lhe é feito um convite. Dizem que brincam juntos.

No primeiro encontro estavam todos em fila, porque devo cumprimentar cada um tocando-lhe o ombro com a mão. A cada um pergunto como se chama e, toda vez, dirigindo-me a todos os outros que se seguem, pergunto como é este nome. A resposta é "estranho". Para todo nome a mesma pergunta e a mesma resposta: "estranho".

Agora, que é estranho? Aquele que se encontra pela primeira vez. Não se conhece. Mas pode ser maravilhoso ou espantoso. Aquilo que é estranho é também estrangeiro. Vê-se pela primeira vez.

Que é preciso fazer para não vê-lo estranho e estrangeiro? É preciso cumprimentá-lo. Depois é preciso falar. Conhecê-lo. Convidá-lo à casa. Comer junto. Dormir junto, se for o caso, em uma outra cama.

No dia seguinte a mesma cena. A fila. A cada vez coloco a mão no ombro e pergunto o nome. Dirijo-me aos outros: como é este nome? "Bonito". E é assim para todos os nomes, a resposta agora é "bonito", e será assim em todos os outros encontros. Bonito é oposto a estranho.

É preciso dispor-se. É preciso dispor o espaço. Estar em círculo. Todos, sem selecionar um grupo dos bons. Todos. As carteiras encostadas na parede. Servirão. Para escrever. Ao contrário, melhor se escreverem apoiando-se nas cadeiras, mantendo o círculo.

Que é pensar. Desta vez são as crianças de uma escola primária. De idade diferente. Não de cinco anos, mas de oito. Deixo fluir a sequência de palavras. O exercício é este: construir uma frase sobre as palavras uma atrás da outra.

Pensar √ ver dentro √ imaginar √ sonhar √ ter dentro √ proteger √ salvar √ olhar √ salvar com o olhar √ estar atento √ observar √ considerar √ unir as estrelas uma a uma √ seguir os movimentos dos astros √ dos movimentos da alma √ ver com a mente e com o coração √ pensar √ sentir

... pressupostos epistemológicos...

Sempre pensei a *epistéme* como é apresentada no diálogo *Teeteto*. O argumento é precisamente *perì epistémes*. É um dos diálogos que me encantam. Euclides encontra um amigo e juntos ouvem a leitura do diálogo pela voz de um rapaz. O texto é representado como sendo do próprio Euclides e é "validado" pela confirmação da narrativa por parte do próprio Sócrates, que Euclides andava buscando quando aquele já se encontrava na prisão.

O diálogo se desenvolve entre Sócrates e Teeteto. Sobre a *epistéme*. No final não saberemos que é a *epistéme*. Saberemos, no entanto, tudo sobre Teeteto. Saberemos do pai, dos seus estudos, das suas ações. O diálogo se desenvolve na circunstância da morte de Teeteto, no momento em que os dois amigos, Euclides e Terpsião, estão recordando aquele encontro. Teeteto está, portanto, morrendo. No final morre, mas vive. Permanece. Sabemos tudo sobre ele. *Epistéme* é em grego a palavra para dizer o que se tem sobre. "*Epísthamai*" significa "ter sobre". Içar. *Epistéme* é também a parte do navio que se vê primeiro quase emergindo do mar e assinalando assim a sua chegada.

Desde então, para mim, *epistéme* é o que emerge, o que se tem sobre, aquilo que sustenta e que se sustenta. O princípio de toda *epistéme*, o princípio de todo saber é sustentar. Na expressão que considero portadora dos meus encontros em filosofia, sustentar é também o que se diz, a própria verdade, o que precisamente se sustenta em um diálogo, falando. Diz-se o que se sustenta. A verdade é por isso aquilo que te sustenta, aquilo que te mantém na vida, aquilo que sustenta a nossa existência e nossas escolhas. É evidente que os efeitos são também estéticos e políticos, propriamente porque um efeito é também o outro. Sustentar a verdade que nos sustenta. Este é o círculo epistêmico que, penso, poderia ser sustentado em filosofia.

É outro aspecto que me vem da fenomenologia de Husserl. Sustentar é retomar de novo, sempre de novo, e no retomar expressar a liberdade do pensar, mas como vínculo interior. É um retomar e sustentar aquilo que aprendi de Husserl assim como de Gadamer e de Derrida que me sustentaram fazendo-me escutar sua voz.

A voz de Nietzsche será diferente, mas é a mesma quando chama a filosofia de *A ciência feliz*, isto é, *Gaia ciência*, como é *alegre* a ciência dos poetas provençais, como é alegre a ciência da poesia, como alegre é a *epistéme* de Zaratustra com o seu dizer "sim" à terra.

Ainda entre as crianças de cinco anos nestes dias antes de chegar ao Rio de Janeiro. À pergunta quem é justo, Annagiulia responde que justo é quem diz "sim". E o Zaratustra de Nietzsche deve ter sido uma criança, uma menina, que me ensinou como em filosofia se trata sempre de cuidar do que é saudável.

O argumento é o mesmo que tratamos este ano na escola de filosofia fora dos muros. A prática da escola é a *epiméleia*. Recuperar aquela técnica e aquela disposição e estudo do cuidado. Falava-se de filosofia nos hospitais, entre as crianças da enfermaria de oncologia. São crianças acompanhadas das mães que se tornam como estátuas, rígidas, com o olhar fixo no corpo delas. Em guarda e em luta contra a vida a favor da vida. Como estar ao lado daquelas crianças se não podemos nunca curá-las? Como e do que cuidar? De sua parte viva, da "parte sã", do que vive. Sustentá-las desse modo é fazer ciência em filosofia.

... Matthew Lipman...

Não conheci Matthew Lipman. Quando publiquei *La filosofia spiegata ai bambini*[5] ainda antes, nos anos precedentes, quando tive encontros de filosofia com as crianças não sabia de Lipman. Houve uma apresentação de um livro seu. Quem o apresentava era um docente da minha faculdade. Não havia jamais me ocupado de filosofia com crianças. Não me preocupei em ir ouvi-lo. Soube de Lipman por meio de docentes de pedagogia com uma sensibilidade particular. Soube de Lipman através de Maura Striano, Antonio Cosentino, através de quem começava a praticar a filosofia com crianças na Itália. Soube de Lipman através da pedagogia, soube do currículo e das siglas. A que jamais compreendi é P4C.[6] Parece-me uma fórmula química. Confesso que da primeira vez não compreendia nem mesmo o que significasse "filosofia para crianças" e continuo sem compreender por que na Itália se continua a usar a expressão norte-americana. Também o uso das novelas não me convenceu.

Depois, conheci Walter Kohan que conhecia Lipman. Conheci Walter que sabe de Lipman e não fala de P4C nem segue rigidamente um esquema. Conheci Walter que se coloca na condição de dedicar-se à filosofia com crianças, entre as crianças. E é como criança, por isso na condição do filósofo, como criança entre as crianças. E o é com assombro e maravilhamento, com alegria e atenção. Com Walter aprendi o quanto se deve a Lipman e quanto é preciso defender a sua obra e difundi-la. Uma obra de fronteira. De confim.

Confesso ainda hoje que não li Lipman, a não ser duas intervenções na internet que me fizeram conhecer seu empenho

---

[5] Napoli: Filema edizioni, 2000 (Filosofia explicada às crianças, não publicado no Brasil). (N.T)

[6] Sigla com que se conhece internacionalmente o programa "Filosofia para Crianças" (Philosophy for Children) de Matthew Lipman. (N.T.).

de liberdade para uma democracia de todos, na qual todo mundo participa na expressão de uma comunidade de investigação.

Li sua última entrevista. Fiquei comovido. Li sobre a sua vida. Fiquei comovido. Deu tanto. Conheci a Sra. Sharp. Estive em um encontro com uma mulher criança, belíssima, alegre.

... pode ser avaliada...

A filosofia não outorga competência, mas oferece estilos de existência, estabelece vínculos de amizade, promove diálogo e participação. A filosofia é o saber sabedor dos vínculos mais importantes, aquilo que é mais caro e que sustenta e é para sustentar. A filosofia é o direito de um privilégio, aquele de poder perguntar o sentido da própria existência, dos próprios vínculos, das próprias escolhas, dos próprios projetos de vida em comum com os outros. Em filosofia se trata sempre do comum como daquilo que é próprio e é impróprio. Como é na relação de amor verdadeiro quando o outro é uma possessão, uma paixão sem propriedade. Como é para o saber que se aprende e se detém, uma possessão sem propriedade. A filosofia é genitiva e dativa. Geradora e restitutiva. O que se dá é aquilo que se restitui a outros aos quais se está preso, se está preso e nos é dado.

Não se "avalia" a filosofia sem se "avaliar" a si mesmo. Não se trata de invalidar um esquema, uma prática, mas um estilo singular de estabelecer uma relação educativa.

Em filosofia não há nada que possa ver validado através de um princípio geral, através de uma única regra. Em filosofia princípios e regras de validação são valorizados por quem a pratica na singularidade da exceção que oferece novos espaços regulativos, novas normas de legislação do próprio tempo expresso no estilo da participação e do cuidado de si como do outro.

Em filosofia vale aquilo que Kant expressava como princípios da ética: a perfeição de si e a felicidade do outro. Dois princípios que indicam o próprio aprimorar-se e a felicidade de todos os outros. São dois princípios regulativos porque intermináveis, infinitos, mas não indefinidos. Não se pode buscar a própria felicidade sem pensar que é própria quando é imprópria, como a vida, comum. Não se pode ser um sem ser uno com todos. Não se pode entender a própria felicidade sem a dos outros, sem ser um dos outros.

A validação se pode dar pelos efeitos. Será por isso válida aquela aplicação da filosofia nas escolas que torne a todos apaixonados pelo estudo de toda disciplina. E será tanto mais filosofia quanto mais for uma escola da cidadania e uma cidade da escola, uma cidade educativa, formativa, geradora de saber sabedor dos vínculos mais importantes.

Crianças em filosofia

O encontro começa com a apresentação. Importante é o contato. Colocar a mão no ombro, sobre a cabeça. Às crianças de cinco anos pergunta-se o nome. Estão em fila. A escola é o asilo. A sala é colorida, com as pequenas cadeiras e as mesas em torno das quais desenhamos e manipulamos a argila. O encontro de filosofia prevê que as mesas estejam encostadas na parede. As cadeirinhas dispostas em círculo.

Com as crianças da escola primária se pede para indicar um sentimento, e a quem vem a seguir é pedido para indicar um sentimento diferente. Cada um, um sentimento.

Pode-se também começar perguntando a cada um sobre o sentimento que experimenta naquele momento. Será depois importante perguntar no final a cada um novamente o próprio sentimento do momento para observar as eventuais mudanças de estado de ânimo.

No início não é um narrativa. Deve resultar do encontro. Começa-se partindo de uma situação que se dá no momento.

Por exemplo: o argumento é a legalidade. Estamos em uma escola primária. As crianças movem as cadeiras fazendo um grande barulho. O encontro começou assim: o barulho, que faz o barulho? O barulho afasta, o som aproxima. Assim começa-se a falar um de cada vez daquilo que aproxima e afasta.

O ponto da vez é falar juntos de coisas verdadeiras. Não das que se tocam com a mão, mas das que nos tocam dentro. A distinção é entre o certo e o verdadeiro, como indiquei numa outra vez em outra circunstância, estudos e relatos de encontros.

Frequentemente, levo comigo o diapasão e, uma vez tocado, o aproximo da mesa, ou da cadeira, ou da lousa, que ressoam a sua nota de maneiras diferentes, mais claramente, mais alto, fraco, com intensidade. Começa-se a falar do sentir.

Os argumentos se impõem. O importante é assim: em filosofia não se põem perguntas. Em filosofia as perguntas se impõem. Pode acontecer que as crianças manifestem um problema imediato. Fala-se de amizade quando na disposição dos lugares há quem queira estar perto de um outro recusando-se a estar ao lado de quem eu me encontrava naquele momento. Pode acontecer de se falar da "grandeza", da "beleza", do "justo". Acontece falar das outras disciplinas e chamá-la ao confronto. Pode-se discutir sobre o espaço e o tempo, sobre as ideias. A cada vez o percurso é especificado com base nas exigências da escola, segundo um módulo específico. Importante é que o percurso não seja definido de maneira certa, mas que se ofereça a outras variações, que também possa ser totalmente modificado.

Os instrumentos são diretos, um objeto, um chapéu, uma lanterna...

O uso do projetor permite narrar-se nas imagens. É preferível que a projeção seja dirigida para o teto e que as crianças possam acomodar-se relaxadas sobre os tapetes. Diferente de quando se projeta as imagens nas paredes.

O esquema é este: cada um deve dizer com qual das figuras do quadro se identifica, no quadro, quem é (identidade), que horas são (tempo), onde (espaço), o que está pensando, como se sente, que aconteceu antes e o que acontecerá depois. O exercício é repetido na aula, ou como dever de casa de modo a recordar a imagem e produzir uma narrativa sobre a qual será possível continuar a discutir depois.

Importante é que o encontro de filosofia seja imanente ao percurso curricular. O importante é que não seja um currículo separado do currículo escolar. Para tal as narrativas, os exercícios de língua e de matemática, como os de história e geografia fazem parte dos elementos presentes ao encontro. Não se deve obviamente pensar em fazer tudo de uma vez; isso, porém significa que o encontro de filosofia reflete o modo de estar entre os outros, o modo em que se aprende, em suma, como se está na escola e como se aprende.

Outros exercícios são aqueles dos sentidos. O exercício do silêncio é fundamental. Um minuto pelo menos de todos em silêncio e por três vezes para três perguntas diferentes: que se sente no silêncio, que se encontra no silêncio, que se pensa no silêncio e do silêncio.

O mesmo com o exercício do ver. Depois de haver fechado os olhos é preciso falar as coisas que estão à sua volta e dos colegas.

Acrescenta-se o exercício da observação do entorno. Cada um é chamado a levar alguma coisa de um lugar a outro através de um percurso acidentado sem fazer o menor barulho, o que significa que não pode encostar em nada.

A parte da escrita é também importante. O esquema toda vez é, por exemplo:

Eu escuto: quando √ onde √ quem √ como √ por quê.

A leitura que se segue deve ser desenvolvida sem repetir as locuções categoriais de tempo, espaço etc.

São alguns aspectos e algumas fases. O que importa é a narrativa que virá, que a cada vez é singular. O que permite repetir o adágio de que não se pode ensinar filosofia, pode-se, porém, ensinar com filosofia.

Juliana Merçon[7]

Alguns sentidos de um filosofar

Tomando as seis questões propostas como guias, as palavras que seguem condensam muitas ideias, incômodos e desejos que atravessam os fazeres filosóficos aos quais me dedico. Não serão encontradas aqui explanações longas ou rigorosamente fundamentadas, mas ideias-setas que apontam em direções ou sentidos que talvez possamos percorrer juntos, em voz. Trata-se de um exercício de espontaneidade trabalhada, de associação-livre atada a este corpo-pensante, e que se oferece ao encontro com o teu pensar e com o de outros nesta nossa experiência de formação.

Alguns sentidos, inquietudes e pressupostos

Compartilho nesta seção alguns pequenos grupos de ideias-setas sem mostrar as inter-relações que as enlaçam produtivamente:

...uma ontologia relacional

Quanto mais compreendemos (com o corpo e o pensamento) o quanto somos causados por uma rede complexa de

---

[7] Juliana Merçon atualmente trabalha na linha "Educación, ciudadanía y sustentabilidad ambiental del desarrollo" no Instituto de Investigaciones en Educación, da Universidad Veracruzana, México. Foi coordenadora do Projeto "Filosofia na Escola" na Universidade de Brasília, entre 2002 e 2003. E-mail: julianamercon@gmail.com

relações (micro e macropolíticas, socioecológicas, histórico-afetivas etc.), mais ativamente pensamos e atuamos. Esse sentido vivo da conectividade que nos gera (e que somos ou estamos) aumenta a nossa potência individual de pensar e agir na mesma medida em que nos permite integrar-nos mais significativamente ao mundo ao nosso redor. Existe aqui um paradoxo fascinante: quanto mais nos conectamos ativamente em corpo-ideia ao mundo, mais fortalecida se encontra a nossa potência individual. Conectividade e singularidade despontam como expressões de um mesmo processo. Este *insight* atravessa algumas matrizes das filosofias orientais, assim como o pensamento de Espinosa, Marx, Freud e outros.

O que seria em nossa experiência vivida essa intuição conectora e potencializadora das forças individuais? Seria a coletivização do pensamento dentro e fora da escola um espaço para a sua emergência? Quando a percebemos? Viver encontros que favoreçam essa experiência em ideia e ato é um desejo comovedor. Alguns de seus pressupostos (que relacionam temas ontológicos, epistemológicos, políticos e ético-estéticos) são: a relacionalidade como origem do desejo, do pensamento e da ação; o pensamento ativo (que "age" sobre si mesmo desde seu "interior") como facilitador de compreensões vigorosas e "transform-ações" no mundo e em si; a vida como processo e obra de experimentações e criações individuais e coletivas.

...uma política da amizade

Criadora de tempos, formas e prazeres próprios a cada relação, a amizade não é institucionalizável. Seu nascimento não pode ser fabricado e sua vida é interrompida quando cerceada por um dever-ser, por determinações externas ou por uma força que anula a outra desde o seu interior. A amizade acontece, ou não. Despida de fins e meios preconcebidos, talvez seja ela o espaço por excelência da filosofia: amizade com o pensar, amizade com outros que vivem a amizade com o pensar. Desde o ponto de vista da grande política institucionalizada, a amizade filosófica é antipolítica: não está engajada com a reprodução da vida dócil, útil e automatizada, não aspira a poderes de mando. Desde o ponto de vista da pequena política como organização das vidas próximas, a amizade filosófica é uma imensa força transformadora, um movimento de resistência e criação – a amizade filosófica é a microrrealização da utopia, ela é eutópica.

Em geral, a escola reduz os tempos de convívio amistoso aos intervalos, às "conversas paralelas", ao que escapa à programação detalhada das interações. Ao propor outros tempos e regras ao jogo educativo, poderia a experiência coletiva do pensamento entre crianças e adultos configurar-se como uma manifestação da amizade? Embora nem toda relação filosófica com outros se configure como amizade e nem toda amizade se caracterize por um laço filosófico, gostaria de sugerir que as condições não institucionalizáveis da amizade podem oferecer um campo especialmente fértil para o filosofar. Alguns pressupostos incluídos nesta suspeita dizem respeito, por exemplo: à relação entre ser estimado por outros, autoestima e coragem para arriscar pensar por "si mesmo"; à conexão entre um corpo aberto a afetos muito diversos e um pensamento igualmente disposto a ser afetado amplamente; à força de um pensar engajado com a vida, com as curiosidades e os desafios postos pela existência, um pensar que é intensificado pela presença atenta e questionadora das amizades com quem compartimos mundos mais amplos que o institucional.

...uma educação da autoconfiança

Um dos aprendizados mais importantes a ser incorporado na vida talvez seja o da autoconfiança – que não deixa de ser, de uma certa maneira, um tipo de confiança no mundo ou uma aposta tranquila na diversidade de caminhos que nos oferece a vida. Se confio em minhas capacidades para estar bem, para aprender por meios diversos, adaptar-me a circunstâncias distintas e afirmar potências variadas, o mundo pode oferecer situações múltiplas, e o pior que pode ocorrer é a dor de um duro aprendizado. Não é difícil imaginar inúmeros exemplos de como a escola dificulta a autoestima e a autoconfiança em vez de promovê-las. Algumas das mentes e corações mais inspiradores que conheço abandonaram o roteiro acadêmico e o de qualquer outra instituição para viver mais coerentemente, sem render-se a procedimentos e premiações nos quais não acreditavam. Só puderam fazê-lo porque confiaram em suas forças para viver mais plenamente fora das margens do conhecido.

Se compreendemos a autoconfiança como efeito – e ao mesmo tempo como produtora – de relações com outros, os contextos afetivo-intelectuais nos quais nos inserimos e através dos quais aprendemos formas de estar no mundo se tornam especialmente significativos. Parece-me que a autoconfiança é bastante beneficiada por processos de autonomização coletiva do pensamento e da ação. Em coletividades de crianças e adultos que se dedicam a pensar por si mesmos com os outros, de gente que se reúne para plantar junto, elaborar e montar uma peça de teatro etc., ou seja, em processos nos quais as potências de cada um (a) são valoradas e apoiadas pelos demais na criação de algo mais amplo, a confiança no próprio tende a ser fomentada à medida em que o coletivo se autonomiza criativamente de outros processos, gerando suas próprias regras, formas de relação e efeitos.

No interior de coletividades em processo de autonomização, hierarquias explícitas ou tácitas se configuram, algumas vezes por inércias políticas (autoridades estabelecidas por posições sociais: professor, diretor, cientista etc.), outras vezes por potências singulares (indivíduos mais eloquentes, desafiadores, congregadores etc.). Partindo do pressuposto de que a educação da autoconfiança é favorecida por situações relacionais mais horizontais, em que a força de indivíduos tenha menos efeito por seu "título social" e mais pela integração de suas potências singulares ao todo comum, que sutilezas insistiriam em verticalizar relações e minar confianças? E como exercer, a cada vez, a força sensível que desde o lugar herdado da autoridade desautoriza este lugar? Em outras palavras, como recanalizar a confiança na autoridade conferida por fontes externas em confiança na potência própria e na dos demais? Os caminhos parecem ser múltiplos... e quiçá um dos mais bonitos e complexos seja o da autonomização coletiva.

...uma ecofilosofia

Comprometida com o seu tempo, em pensar e transformar as formas de assujeitamento que nos subjetivizam, a filosofia encontra hoje desafios que seriam inimagináveis para pensadores célebres e marginais dos últimos 24 séculos. Não obstante, como outras insensibilidades graves do intelecto-corpo, pouco filosofar tem se aberto radicalmente à crise socioecológica planetária. O pensamento sobre essa crise que vem modificando drasticamente as formas de vida existentes tem sido construído majoritariamente por batalhões de cientistas naturais e sociais enquanto a voz filosófica nesse campo crítico tem sido mínima. Alguns filósofos e não filósofos dirão que não se trata de uma questão filosófica senão prática e urgente. Mas não seria esse um processo prático e com efeitos práticos o de pensar sobre os pensamentos que nos têm subjetivado em ritos acelerados de consumo, expansão e concentração de poder (econômico, político, militar etc.)? Que filosofias nos ajudariam a dar sentido a formas de existência que impactam menos destrutivamente o nosso pequeno e grande habitat? Que filosofias nos ajudariam a perceber os vínculos sutis entre macro e micropolíticas? Caberia à educação pensar filosoficamente essas questões ou apenas ditar novas regras para o agir? Como experienciar questões ecofilosóficas coletivamente sem policiamentos morais, sem supostas verdades-guias, sem que nos pesem deveres? Quais seriam algumas das caras de uma ecofilosofia realmente bacana, que não deixa de ser filosófica para dar lugar a saberes ecocientíficos e que não deixa de pensar questões socioecológicas para seguir perpetuando desconexões com o tempo crítico que nos abraça hoje?

Filosofia... De que é feita? Quando chamá-la por este nome?

Parece-me que os fazeres filosóficos nos quais participo sozinha, com amigos, colegas, estudantes e/ou estranhos se compõem por pelo menos três aspectos inter-relacionados:

- uma dedicação a pensar ativamente questões que me/nos atravessam hoje, intrigando e movendo minha/nossa sensibilidade e ação – uma certa entrega a essas questões e suas manifestações na escrita, nos diálogos, leituras, percepções, intuições, agires etc. Em associação a este aspecto, estão noções como as de abertura sensível, encontro potencializador e singularidade do pensar;

- a tentativa de pensar essas questões criticamente, experimentando outras formas de conexão com as ideias e as ações, com outras pessoas e comigo mesma, criando rumos mais significativos e diversos frente aos que nos são apresentados como evidentes, necessários, únicos – o que inclui desaprendizagens e transformações cossubjetivas;

- um diálogo com uma certa tradição do pensamento, com conceitos e inquietações pensadas ao longo de uma determinada "história da filosofia" e/ou uma aproximação crítica e integradora de ideias e conceitos presentes em outras histórias e campos não legitimados como "estritamente filosóficos". Parece-me que se trata aqui de uma tentativa tanto de diminuir nossas ingenuidades como de ampliar o escopo de inspirações que nos apoiam em nossas experimentações intelectuais e políticas. A interlocução com a história da filosofia e com pensadores de fora dela talvez não seja uma condição necessária ao filosofar (certamente não se trata de uma condição suficiente), mas sim um condicionante que pode vir a conferir mais força crítica e efetividade à sua expressão.

Chamar de filosofia o que ocorre em práticas filosóficas menos convencionais (que abarcam estes e/ou outros aspectos potencializadores do pensamento) é uma maneira de afirmar os sentidos que mantêm vivo o filosofar (não permitindo que morram nas mãos da alta especialização e do comentarismo insosso) e de fomentar posicionamentos pluralistas democratizantes (que revigoram a filosofia das margens, das coletividades inconformadas, dispostas a perder-se e recriar-se). Reafirmar o nome "filosofia" à prática do filosofar com crianças e jovens, aos cafés filô, a análises crítico-transformadoras de movimentos sociais, entre outras manifestações, pode significar, portanto, uma forma de resgate do debate sobre os sentidos do filosofar e um repúdio às práticas altamente reguladas, exclusivistas e reproducionistas do trabalho acadêmico.

Esta reivindicação conceitual e política do nome "filosofia" não implica, porém, que seu uso seja sempre necessário ou desejável. Encontros filosoficamente potentes podem inclusive ser facilitados se a palavra "filosofia", com suas diversas cargas associativas, for omitida. "Explicar", desde o lugar de um saber-poder, que uma certa prática vivida é "filosófica" pode, em algumas situações, ser não apenas supérfluo como também gerar distâncias e desconfianças. Conversas filosóficas com crianças nas escolas, com moradores de rua, amigos em um bar, trabalhadores do MST, pedagogos e filósofos não precisam ser reconhecidas com esse nome para que sejam o que são. Mostrar que a filosofia vive e floresce fora das paredes de uma universidade pode ser uma importante tarefa de abertura institucional – o que não quero/queremos é que seja de fechamento de mundos que já se encontram mais abertos.

Avaliação da prática filosófica

Se concebemos a filosofia como um pensar atento, crítico e transformador que possui como objeto o próprio pensamento que acompanha a nossa receptividade afetiva e as nossas ações, avaliar a nossa prática filosófica significa pensar sobre como pensamos o pensamento. A adição de mais essa camada de pensares talvez seja tão importante quanto o próprio filosofar inicial. Entendida e praticada como metafilosofia, a avaliação do fazer filosófico é ela mesma um novo fazer atento e crítico que pode nos ajudar a perceber inércias intelectuais e sociopolíticas que dificultam a potencialização do nosso pensar. Quando experienciadas coletivamente, a avaliação filosófica parece ganhar novas forças: distintas visões sobre as condições que favorecem ou inibem o pensar podem ajudar-nos a pensar mais complexa e efetivamente.

Interessa-me particularmente a aproximação avaliativo-filosófica das emoções configuradas nas coletividades pensantes e os pensamentos que tecemos sobre suas relações com o pensar. Parece-me que temos um léxico e uma disposição mais amplos para descrever dinâmicas intelectivas que para identificar, assumir sem medo e compartilhar sensações mais sutis sobre dinâmicas afetivas e políticas. Suspeito que o exercício do pensamento coletivo sobre as formas múltiplas através das quais transitamos por potências e debilidades político-afetivas pode nos abrir a novas sensibilidades envigorantes do pensar.

Formação docente para filosofar com crianças

Formações docentes para filosofar com crianças podem ser pensadas e praticadas de muitas maneiras. Ressalto a seguir, e brevemente, algumas dimensões que me parecem bastante relevantes se, como docentes, queremos viver com outras pessoas processos formativos e autoformativos que inspirem filosofares mais vibrantes e significativos com as crianças. Tomando palavra por palavra, comparto alguns dos principais sentidos que confiro a esse tipo de experiência:

Formação... processo que gera formas, que informa e transforma. Se a formação "para o filosofar" é também filosófica, tratar-se-ia então de um colocar-nos sempre em processo e nunca no lugar de uma forma acabada. "In-formamo-nos" com os pensares que nos tocam e "trans-formamo-nos" mutuamente, sem meios controláveis ou fins postos de antemão. A formação para o filosofar ocorre através do próprio filosofar: vai formando na mesma medida em que vai transformando os jeitos que conformam nossas formas de pensar, sentir, relacionar, ser ou estar.

Docente... a formação filosófica docente envolve pensares que questionam sobre os sentidos desta posição social, institucional, relacional. Habitar o nome "professora" ou "professor" significa, entre muitas coisas, ocupar uma certa posição de mando, sobre a qual recaem expectativas e deveres institucionais. Pensar, desde esse lugar, sobre possíveis limites e contradições que enfraqueçam uma vida filosófica e sobre formas, sensibilidades e atuações que se possa assumir para envigorar o pensar me parece ser uma tarefa essencial em uma formação filosófica docente para filosofar com crianças.

Para... em um sentido importante, este "para" já é um "sendo". Embora o exercício filosófico com pares adultos constitua uma etapa fundamental da formação filosófica docente, essa prática com colegas não permite experienciar as belezas e desafios do universo filosófico infantil em movimento. Uma formação filosófica docente para o filosofar com crianças envolve, portanto, a vivência filosofante corrente com elas. Embora o "para" nos advirta que o filosofar talvez não aconteça vividamente nos primeiros encontros, e embora este "para" também nos recorde que todo "já" nos predispõe ou prepara "para" outros encontros, reitero que o sentido "futuro" desta formação é principalmente um desprender-se novidadoso do filosofar já corrente.

Filosofar... não como alguém que ensina uma disciplina ou disciplina com ensinamentos, mas como alguém que escuta, aprende e compartilha vivamente suas inquietudes sem pretensões de ensinar. O filosofar como forma de vida encontra em automatismos e desejos de poder muitos de seus principais obstáculos. Reinventar este viver filosoficamente e com outros, sejam elas crianças, jovens ou adultos, é pluralizar as forças percebedoras do que impede "transform-ações" e multiplicar inspirações que nos colocam em outras relações com o pensamento e com o existir.

Com... filosofar "com" crianças e não "por" elas, "para" elas, "sobre" elas ou "sem" elas... requer sensibilidades atentas, cuidados para não silenciar ou fazer dizer o que queremos escutar, requer muito trabalho para deixar que o pensamento aconteça. Uma parte desse trabalho pode referir-se a considerações sobre os pontos de convergência entre distintas posições socialmente estruturadas que habitamos (adulto-criança, professora-alunos, mulher-homem, negro-branco, rico-pobre etc.) e que predispõem nossas interações. Outras dimensões desse trabalho envolvem a ampliação de nossa intuição sensível para perceber sutilezas do poder, microdinâmicas afetivas, interações férteis e para favorecer através de nossa ação ou não ação a emergência de pensares vigorosos.

Crianças... desde uma certa perspectiva (mais comum e também talvez menos relevante), o que reúne pessoas tão distintas sob esta mesma categoria (a de "crianças") é o pouco tempo trilhado por elas no mundo. Crianças são seres com pouca idade, nos diz o senso comum. Poderíamos pensar então (para além de visões desenvolvimentalistas e histórico-políticas atribuidoras de "etapas" e "faltas" a serem preenchidas) que esta "pouca idade" configura um espaço especial para a irrupção de pensares singulares, menos condicionados e com novas aberturas ao mundo. Não nego essa possibilidade ou caminho atribuidor de sentidos, mas suspeito que nele talvez também corramos o risco de generalizações conceituais que dificultem encontros com a concretude plural dos corpos-mentes filoso-infantes. Crianças mais sábias que muitos adultos, menos joviais que alguns velhos, abertas e fechadas à experimentação lúdica do pensar, com potências desafiadoras, demasiadamente dispostas a obedecer, rebeldes etc., crianças tão diversas quanto outros seres singulares – com elas nos encontramos, com elas nos formamos e transformamos.

Lipman: inspirações e distâncias

Lipman: homem-lábio... de sua boca, voz e pensamento nasceram práticas que seguimos modificando, recriando criticamente, com (in)fidelidade filosófica. Devorador sutil de ideias de Dewey, Lipman cantou suas inquietudes em propostas práticas, em um filosofar educativo ou uma certa educação filosófica. Conheci os fazeres propostos por Lipman quando me integrei ao Projeto Filosofia na Escola em Brasília. Li partes de sua obra já com o olhar crítico que o Projeto cultivava. Encantada pelos mundos que abria, sabia que a prática à qual nos entregávamos gerava outros movimentos... como o de uma formação e uma prática docente construtora dos seus próprios textos, pretextos e contextos, como o do sentido político-filosófico do vínculo entre universidade pública e escolas periféricas, como o da afirmação do público, não mercantilizável e aberto a todos, enquanto espaço de um filosofar plural, participativo... entre outros movimentos distintivos. Dos lábios de Lipman sinto ter nascido um universo que é, ao mesmo tempo, íntimo e distante: um canto inicial cuja melodia transformamos com os tons vivos que atravessam os nossos encontros.

Marcos Antônio Lorieri[8]

Quais são as ideias, problemas e sentidos principais que permeiam seu trabalho?

A primeira ideia de que parto para trabalhar com filosofia, seja no meu próprio filosofar, seja no estudo de produções dos denominados "filósofos" ou "grandes filósofos", seja no ensino de filosofia (ou de filosofar) para e com crianças, jovens e

---

[8] Atualmente, Marcos Lorieri é professor da Universidade Nove de Julho (UNINOVE), São Paulo, Brasil. Foi um dos fundadores do Centro Brasileiro de Filosofia para Crianças (CBFC) e um dos principais promotores da proposta de Lipman no Brasil. E-mail: lorieri@sti.com.br

adultos, é a da necessidade do filosofar e do exame de produções filosóficas, em especial as que se apresentam hegemonicamente na sociedade de que fazemos parte.

Vejo, pois, três formas de trabalho filosófico que se interpenetram: o do meu filosofar, o do exame dos resultados do filosofar de outras pessoas e o trabalho do ensino da filosofia ou do filosofar (não os separo). Ensino a filosofar ensinando conceitos básicos da área específica da filosofia, ensinando que há aspectos particulares da investigação filosófica, ensinando que em cada aspecto particular há questões específicas e ensinando que essas questões são de interesse de todas as pessoas, dada a necessidade que se verifica de as pessoas as colocarem e de buscarem respostas a elas. Ensino também, a filosofar, quando ensino sobre a existência de produções filosóficas ocorridas e ainda ocorrendo historicamente e ensinando algumas delas para que meus alunos as entendam, as compreendam e as coloquem em discussão.

Parto também do fato de que os seres humanos produzem várias formas de conhecimento ou de saberes (não entro aqui na discussão a respeito da diferença entre saber e conhecer, se é que existe) por necessidade de explicações, entendimentos e significados para suas vidas. Aponto seis formas de conhecimento ou de saberes que os seres humanos produzem: o conhecimento mítico, o conhecimento religioso, o conhecimento do senso comum, o conhecimento científico, o conhecimento filosófico e o conhecimento artístico. A todos denomino de conhecimento porque todos produzem explicações, entendimentos e significados. Não entro na especificidade de cada um, mas apenas na de filosofia. Coloco isso da seguinte maneira.

Posso dizer que a filosofia é igual às outras formas de conhecimento porque ela é um conjunto de procedimentos da consciência humana que, ordenados de certa forma, procuram produzir respostas, as mais garantidas possíveis, para questões com as quais os seres humanos se deparam em suas vidas ou para questões que eles se colocam quando se põem a pensar mais atentamente. E afirmo que a filosofia é diferente das demais formas de conhecimento porque ela trabalha principalmente e prioritariamente sobre certas questões, utilizando uma maneira própria de abordá-las, tendo em vista produção de respostas que nunca se fecham porque são continuamente questionadas.

Por último parto do princípio que, se as pessoas não se ocuparem dessas certas questões, buscando a construção coletiva de respostas a elas, e não se ocuparem da análise crítica das respostas que sempre existem em qualquer sociedade humana, elas as terão dadas e impostas de alguma maneira. Isso traz um risco sério de serem enganadas quanto à melhor direção para as próprias vidas. Há sempre direções ou significados presentes em qualquer formação histórico-social.

Quanto às certas questões que vejo como específicas do filosofar, aponto-as na minha resposta à segunda questão.

Por que chamar a sua prática de filosofia e não simplesmente pensamento? Ou seja, qual é a especificidade filosófica do que faz?

Filosofar é sempre pensar, mas nem todo pensar é filosofar. Fazer ciência é pensar, assim como produzir entendimentos ou explicações com os recursos do conhecimento do senso comum, ou da arte, ou do mito, ou do conhecimento religioso. Já mencionei as formas de conhecimento ou de saberes na resposta à primeira questão. Não as especificarei aqui. Apontei duas especificidades da forma filosófica de conhecer ou de saber: as questões específicas a partir das quais investiga (e aqui há muito o que discutir) e a maneira ou o método como as investiga.

Adoto uma ideia de Lipman sobre o que seja pensamento. Para ele pensamento é articulação de ideias produzindo explicações, entendimentos, significados. Aliás, é uma ideia também de Dewey. Ao pensar, articulamos ideias que são originárias de nossas percepções (por sua vez originárias das sensações), da imaginação, dos processos de comunicação com outras pessoas, relativas a nós mesmos e à realidade da qual somos partícipes. Sem ideias não há pensamento. Sem realidade não há ideias. Sem realidade e ideias não há pensamento.

Filosofar é uma maneira específica de pensar a realidade, de articular ideias relativas à realidade, a partir de certas questões que a realidade sugere ou coloca para os seres humanos. Mas não é a única forma de pensar.

Certas questões. Há questões que nós nos colocamos que pedem algo mais que constatações, descrições, explanações, quantificações, causas próximas. Elas nos pedem posicionamentos amplos e, ao mesmo tempo, significativos, de tal forma que nos ofereçam sentidos, quer como grandes explicações, quer como rumos de vida ou direções. Podemos chamar esses posicionamentos de referências, de princípios, de significações. Há necessidade de que esses princípios ou essas significações sejam bem argumentados e, por isso, com plausibilidade de serem bons explicadores, referenciadores e orientadores de nossas existências. Mas, ao mesmo tempo, sabemos que eles não são absolutamente garantidos como verdadeiros. Daí uma busca contínua em torno deles, com uma constante reposição e retomada das questões de uma certa maneira. A esse movimento desafiador e instigante denominamos de investigação filosófica.

É uma necessidade profundamente humana enredarmo-nos com e nestas questões e estarmos atentos e examinativos criticamente em relação às "respostas" que são dadas a elas no ambiente cultural de que sempre fazemos parte. Tais "respostas" acabam, algumas delas, tornando-se princípios que pautam a forma de condução de determinadas sociedades e, muitas vezes, de toda uma época, para determinadas formações sociais. Veja-se o Liberalismo (filosófico, político e econômico) na formação histórica denominada de Capitalismo. Não que elas venham antes de estas sociedades se formarem: elas são produzidas e, de alguma forma, mantidas com ajustes, no próprio processo de constituição e de manutenção das sociedades. Elas, as "respostas", tornam-se princípios orientadores ou referências, ligadas, sempre, a determinados interesses que podem não ser os de todos. Aí já se delineia um grave problema que merece ser questionado filosoficamente.

Essas questões, reunidas em grandes temas, constituem as áreas da investigação filosófica. São questões sobre a realidade em geral e seu possível sentido: área da ontologia; sobre o ser humano e o significado de sua existência: área da antropologia filosófica; sobre o conhecimento, sua importância, sua possibilidade objetiva de nos dizer verdadeiramente do mundo e de nós mesmos: área da teoria do conhecimento; sobre o processo de valoração em geral: área da axiologia; sobre o processo de valoração moral: área da ética; sobre o processo de valoração a respeito da sensibilidade humana e de suas manifestações (por exemplo as artísticas): área da estética; sobre a sociabilidade e, nela, sobre o poder e, por consequência, sobre a liberdade: área da filosofia social e política; e outras questões e temáticas, como a da linguagem, a da história, a do raciocínio e argumentação (esta última é a área da lógica) etc. Quando a investigação filosófica se debruça sobre o fato da educação e o examina à luz de todos os aspectos filosóficos que o envolvem, temos o campo da filosofia da educação. Não vejo como filosofia nem como investigação filosófica produções que não estejam especificadas nessas áreas de investigação ou estreitamente ligadas a elas.

Maneira própria de abordar as questões. A filosofia se caracteriza e, portanto, se diferencia das demais formas de conhecimento também pelo método, pelos procedimentos que utiliza para buscar respostas. Fazer filosofia é realizar um processo investigativo reflexivo que seja crítico, rigoroso, profundo ou "radical", abrangente, ou que busca totalidades referenciais significativas, sobre ou a partir daquelas certas questões acima mencionadas.

Sabemos das controvérsias a respeito dessas palavras e mesmo sobre se realizar esse processo, assim, é mesmo fazer filosofia. Proponho que se pense a respeito e que se pense o quanto é necessário que as pessoas sejam: boas investigadoras; reflexivas; críticas; rigorosas; profundas; abrangentes ou capazes de pensar contextualizadamente.

A proposta de ensino da filosofia para todas as pessoas, desde o mais cedo possível, tem em mente que é fundamental que todos participem dessa produção tão importante para suas vidas. Só assim as pessoas aprenderão a avaliar criticamente quaisquer respostas àquelas questões de fundo que sempre se colocam e poderão participar da produção das respostas que lhes sejam verdadeiramente convenientes ou que, ao menos, assim lhes pareçam pelos argumentos produzidos.

Crianças e jovens, enquanto pessoas, colocam-se questões próprias do âmbito da investigação filosófica; deparam-se e são "envolvidos" culturalmente com "respostas" a elas e têm o direito de serem iniciados no trato e no processo de avaliação crítica das respostas às mesmas. Aqui está a justificativa para o trabalho com o ensino de filosofia.

Além disso, esse ensino, no caso especialmente de crianças e jovens, oferece oportunidade rica de desenvolvimento do pensamento reflexivo, crítico e criativo necessário em todos os demais domínios do conhecimento e para toda a vida.

Como pensar a formação docente para filosofar com crianças?

Essa é uma questão nada fácil. Tenho as mais diversas experiências quanto a isso. Quem não filosofa, não é capaz de ser um bom professor de filosofia. Aí está o começo de tudo. Infelizmente, nem sempre os formados em cursos de filosofia filosofam. De minha parte sempre prefiro os formados em filosofia, e que filosofem, para serem professores de filosofia em qualquer nível de ensino. No caso específico de filosofia com crianças essa questão se agrava. Vejo a proposta de filosofia com ou para crianças como uma proposta de "iniciação filosófica" de crianças. Iniciação porque vejo que as crianças se colocam as questões que considero específicas do filosofar já desde bem pequenas. O que sinto ocorrer é que elas perdem essa indagação muito cedo por diversas circunstâncias. Uma delas está na educação escolar que não trabalha na direção da investigação, e sim apenas na direção da oferta de respostas prontas. No caso das perguntas relativas às áreas da investigação filosófica nada se faz. A presença de um espaço de investigação filosófica pode ajudar a manter e a desenvolver o espírito investigativo filosófico nas crianças e pode ajudá-las no desenvolvimento de maneiras de pensar que são necessárias para o enfrentamento dessas questões filosóficas. Penso que, com o tempo e com a continuidade desse trabalho, as crianças paulatinamente poderão ser introduzidas em atividades investigativas filosóficas mais sofisticadas e poderão, no ensino médio, iniciar um trabalho com as produções dos denominados grandes filósofos. Isso as preparará para avanços futuros. Ora, para tudo isso há que haver professores capazes de realizar essas tarefas. Penso ser possível preparar bons professores, com percursos bem pensados de formação, mesmo que não tenham formação filosófica específica em cursos de filosofia.

Quais os pressupostos epistemológicos (e/ou estéticos, políticos...) de sua prática?

Primeiro um pressuposto antropológico: o ser humano é um ser que pensa e que depende do pensamento para sua sobrevivência, não apenas biológica mas também social, psíquica e como espécie. Ideias bem pensadas, portanto, explicações, entendimentos e significações são necessidade humana básica, a par de outras. O trabalho com filosofia, na educação, é uma grande ajuda na satisfação dessa necessidade humana.

Em segundo lugar, um pressuposto epistemológico: o ser humano pode produzir conhecimentos com certa garantia e pode produzir significações, ou seja, indicações plausíveis de direções para sua existência individual e coletiva. Esse é um trabalho árduo, nunca absolutamente conclusivo, mas que precisa de ser feito continuamente. Sem significações, direções ou sentidos, os seres humanos se perdem como humanos no seu existir. Há um fato, porém: a existência de enganos e de procedimentos enganosos ou manipuladores de alguns seres humanos sobre outros em função de interesses particularistas. Há a realidade das ideologias no sentido de falsa consciência. Esse fato exige atenção crítica de todas as pessoas, pois manipulações ideológicas são parte significativa de processos de dominação de uns sobre outros.

Em terceiro lugar, um pressuposto ético-político: as gerações adultas têm o dever de educar as novas gerações, e um dos aspectos fundamentais da educação é o do cuidado com os pensamentos e com a maneira de pensar de crianças e jovens, pela importância já afirmada desse aspecto na vida humana. Trabalhar com filosofia na educação responde a parte desse dever. A par disso, é na filosofia de maneira especial que as análises sobre princípios e critérios relativos ao agir ou às condutas podem ser feitas com as características já apontadas. Da mesma forma, é no trabalho do filosofar que certas análises podem ser feitas em relação à vida em comum e ao fato do poder aí presente que remete às discussões sobre a liberdade e aos afrontamentos a ela.

Por último um pressuposto estético: a sensibilidade é uma característica do humano que tem necessidade de fruí-la e de manifestá-la. Pensar sobre esse fato, ser capaz de bons julgamentos estéticos é algo de que a educação das pessoas não pode descuidar, e a filosofia tem um papel importante aí.

A prática filosófica pode ser avaliada? Como?

Penso que sim. Ela é uma prática que é identificada como filosófica quando apresenta certas características específicas como apontei na segunda questão. Ora, se essas características estão ou não presentes na prática filosófica, isso é um critério para avaliação dessa prática. No caso de aulas de filosofia, especialmente com crianças e jovens, penso ser possível avaliar vários aspectos que são próprios desse trabalho. Sempre digo que um bom caminho para a avaliação é a definição dos objetivos que se pretende alcançar (sem transformá-los em camisas de força) e ter uma sensibilidade para perceber o alcance deles pelo grupo e pelos membros do grupo individualmente. Há duas fontes importantes a partir das quais é possível essa percepção: as falas dos alunos e, quando escrevem, os textos escritos. Não estou falando aqui de notas ou conceitos, e sim de constatações a serem analisadas, inclusive com os próprios alunos.

Em que medida Matthew Lipman teve influência no seu trabalho?

Quando conheci as ideias e a proposta de Lipman (em 1985), já era professor de filosofia no ensino médio por mais 20 anos e no ensino superior por mais de 11 anos. As ideias de Lipman fizeram-me ver a possibilidade desse trabalho com crianças e ver também uma nova maneira de trabalhar no ensino médio e mesmo no ensino superior. Passei a utilizar principalmente as indicações relativas à Comunidade de Investigação. O conjunto dessas ideias me marcou muito, assim como me marcaram suas falas sobre a importância de as crianças e jovens pensarem criticamente as referências que cada sociedade lhes oferece.

Rita Pedro[9]

Nos últimos anos a minha prática esteve relacionada com crianças e jovens inseridos num contexto particular caracterizado

---

[9] Rita Pedro é doutoranda em filosofia pela Universidade de Lisboa. Desenvolveu projetos de práticas filosóficas com crianças cabo-verdianas em Portugal e em Cabo Verde. E-mail: philozenfants@yahoo.fr

pela existência de emigração, exclusão, e pela cultura e língua de Cabo Verde, o crioulo. A experiência de trabalho junto destas crianças filhas de imigrantes oriundos das ilhas de Cabo Verde residentes na periferia de Lisboa, na Cova da Moura, tornou-se um enorme desafio ao meu modo de fazer e de pensar a prática. De acordo com a concepção fenomenológica de Filosofia, a redução transcendental é condição para se aceder ao campo transcendental da Filosofia, ou seja, aos atos pelos quais conhecemos o mundo e acedemos à origem do sentido. Porém, na atitude natural na qual nos encontramos habitualmente esse acesso nos é velado porque vivemos como se o mundo fizesse sentido por si, e não como se fôssemos nós a atribuir o sentido. Dado que a criança ainda não se encontra acomodada a uma visão do mundo pré-estabelecida, ela teria possibilidade de aceder diretamente a esse plano filosófico, sem ter de operar a redução transcendental.

No meu trabalho com as crianças, cada vez que escutava os diálogos em torno de interrogações existenciais e metafísicas entre crianças do 1º ciclo, alunos das escolas onde lecionava a Filosofia, tornava-se bastante explícita a hipótese segundo a qual o pensamento delas está à partida apto a conhecer e a interrogar a realidade dum ponto de vista filosófico. Para além desse pressuposto teórico, a minha prática também já assentava na ideia de que o plano da Filosofia e o da vida não são distintos um do outro. Era a partir dos acontecimentos do dia a dia destas crianças que surgiam as discussões, por exemplo o fato de verem um pássaro morto durante um passeio ao jardim, fazia surgir num grupo de crianças de 5 anos uma discussão sobre a questão da morte, na qual tentavam perceber o que é que acontece quando morremos e se a nossa alma pode regressar. A forma como as crianças colocavam as questões nas sessões de Filosofia era sempre acompanhada duma tonalidade afetiva e emocional, fosse alegria, curiosidade ou angústia, deixando assim perceber que se tratava dum problema realmente vivido e não apenas uma questão meramente abstrata. Algumas das suas respostas continham uma força tal que eram capazes de surpreender os seus pares e de fazer parar a argumentação como se tivessem descoberto um enigma.

Inicialmente, a minha experiência de Filosofia com Crianças realizou-se com grupos de crianças em contexto escolar, mas em seguida interessei-me para que esse trabalho acontecesse em contexto comunitário, em associações e organizações não governamentais portuguesas e cabo-verdianas. Essa aproximação à realidade das crianças conduziu-me por novos caminhos e encontros através dos quais se operou uma mudança na minha prática.

Ideias, problemas e sentidos

No contexto de emigração acima referido, a minha prática incidiu sobre crianças que pertencem a uma minoria cultural pouco reconhecida e valorizada pela conjuntura política e económica portuguesa, exposta assim a maiores riscos sociais e a uma maior vulnerabilidade. O confronto diário com o tráfico de droga, a violência nas ruas, e com os níveis de stress familiar gerados pela pobreza e exclusão social, são alguns exemplos de obstáculos à sua integração no país onde residem, mas também à sua inscrição na infância. Devido à insuficiência de medidas de acolhimento nas instituições portuguesas, nomeadamente nas escolas, dei-me conta de situações de crianças que chegavam a Portugal sem conseguirem encontrar um sentido para a sua deslocação e separação do país de origem. A maior parte delas sentia-se esmagada por acontecimentos que escapavam à sua compreensão, bloqueavam o seu pensamento até inibir certa reflexão de natureza mais filosófica. Ao mesmo tempo, apresentavam uma maior tendência para se adaptar a um pensamento outro e deixar influenciar pelas ideias pré-estabelecidas do adulto. As suas capacidades e destrezas, como por exemplo ser bilíngues, conhecer duas culturas diferentes, ter viajado entre dois continentes, em vez de serem levadas em conta como experiências e conhecimentos válidos, eram conotadas através de representações negativas e estigmatizadas. Por exemplo, apesar do ensino e dos programas escolares serem equivalentes num país e noutro, apesar de serem ensinados na mesma língua, o português, quando uma criança ou um jovem imigrante de Cabo Verde entra para uma escola em Portugal, não há equiparação, e é sempre matriculado no ano anterior àquele que ele frequentava em Cabo Verde, sem que sejam avaliadas as suas aquisições e o seu desempenho real. Através duma escuta das suas vivências e duma comunicação informal com os seus familiares, fui identificando estas e outras condicionantes, nomeadamente os acontecimentos mais difíceis para as crianças de encarar, alguns traumáticos, o que me levou a um reposicionamento quanto à prática, segundo outros objetivos e procedimentos.

Para estas crianças a forma como eu, até aqui, dinamizava as sessões de Filosofia não estava de acordo com as suas experiências. Era necessário estabelecer laços de confiança, potenciando assim a partilha das suas vivências e outorgar-lhes um espaço para que pudessem refletir e equacionar a sua situação. Na realidade o trabalho implicava para algumas crianças um resgate da própria experiência da infância.

Como exemplo de algumas alterações efetuadas na prática, tendo em conta as necessidades das crianças contarem e partilharem as suas vivências, expressando assim uma vontade de compreenderem melhor a si próprias e ao mundo em que vivem, as histórias de vida passaram a constituir-se como material para a reflexão. Assim, o tema da sessão passou a ser baseado nos relatos espontâneos das crianças a respeito de acontecimentos e vivências do seu quotidiano e também do seu passado. Ao longo do trabalho o assunto em discussão era problematizado podendo também associar-se a leitura dum texto com sentidos adjuvantes ou a sua dramatização pelas crianças.

Ao longo das sessões, foram-se colocando diversas questões: Como é que a prática podia abrir uma reflexão sobre a sua situação de modo a capacitá-las para superarem os obstáculos que impedem a sua integração? Como é que diante de realidades cujo sentido parecia escapar à compreensão duma criança, se pode propor que ela a reflita? Em relação a estas questões, pude constatar que quando confrontadas com assuntos ou experiências angustiantes, as crianças que optaram por uma forma mais racional de abarcar essas questões distanciando-se da emoção ressentida, conseguiram transformar algumas situações em objetos de pensamento. E que desta maneira, a prática da Filosofia não apenas as tornava capazes de elaborar o sentido de algumas experiências como também lhes permitia pensar os problemas que dificultam a sua inserção na sociedade.

Outras interrogações foram surgindo. Uma delas refere-se ao problema da distinção da minha prática com a da psicologia. Uma vez que as crianças se referem ao concreto, ao singular e à sua experiência pessoal para fazer filosofia, como continuar a tratar desse procedimento como sendo filosófico? Por outro lado, se não fizessem essas referências, como ajudá-las a pensar a sua situação de maneira a favorecer a sua integração? Ao longo das sessões de Filosofia, pude comprovar que é a partir de questões concretas da vida das crianças que se potencializa a articulação com questões mais abstratas e filosóficas colocadas por elas mesmas. Por exemplo, a propósito dum relato duma criança cuja mãe ganhou dinheiro no Totoloto, a discussão recaiu em temas como a sorte, o azar, o acaso e a identidade. Se a mãe teve sorte, o que é a sorte? E ao contrário, o que é ter azar? Se podemos ter sorte e azar, o que é o acaso? Podemos vir a ter sorte ou azar sem ser por acaso? Se alguns acontecimentos da nossa vida acontecem dessa maneira, quem somos nós? Porque somos quem somos e não outra pessoa? Será que a nossa sorte ou destino está pré-destinada ou somos agentes ativos daquilo que nos acontece? Quem somos? Somos quem somos, mas poderíamos ser outra pessoa? Todas estes problemas colocados pelas crianças numa única sessão mostram como a partir dum simples relato baseado num acontecimento vivido, a reflexão pode conduzir as crianças a tratarem assuntos da vida dum ponto de vista existencial, filosófico sem se cingirem ao plano do sujeito da psicologia. A sua reflexão ainda que baseada em situações concretas não se limita a questões subjetivas e pessoais podendo resultar numa concepção da vida. Ao entrar nesta dinâmica em torno do pensar e da vida, em articulação com questões filosóficas, as crianças sentem-se valorizadas nas suas experiências ainda que menos positivas, como a exclusão, a pobreza ou o racismo. Fui surpreendida mais do que uma vez pelos ensinamentos e a sabedoria que uma criança é capaz de deduzir da sua experiência. Embora apresente efeitos ditos terapêuticos trata-se duma prática filosófica.

Assim concluí que as crianças refletem dum ponto de vista existencial questões essenciais do ser humano e isto segundo a sua experiência. A Filosofia caminha ao lado da infância, mas por vezes esse encontro implica um enorme trabalho de resgate. É preciso estabelecer uma articulação entre as perguntas da Filosofia colocadas pelas crianças e as suas experiências nos seus contextos de vida.

Outra experiência foi realizada com crianças pertencendo a comunidades piscatórias e rurais nas ilhas de São Vicente e de Santo Antão em Cabo Verde. A mesma foi se concretizando em diversos espaços cada vez mais naturais, como por exemplo, a associação dos pescadores, à volta da rede de pesca, nas casas de familiares das crianças e promovendo também a participação de pessoas significativas no quotidiano das crianças, tais como familiares, os avôs pescadores, os contadores de histórias e alguns professores. Essa aproximação ao contexto de vida de crianças potenciou a expressão das suas vivências e da sua cultura. Ao serem escutadas sentiram-se valorizadas e através do exercício da reflexão que lhes era proposto puderam começar a elaborar questões e problemáticas em torno da sua experiência. Foi necessário estabelecer primeiro essa relação empática com as crianças para fazer desabrochar um pensamento mais elaborado. As perguntas da Filosofia surgiram posteriormente sem serem provocadas e de forma espontânea.

Para algumas crianças a pobreza comprometia a sua infância exigindo que ocupasse todo o seu tempo livre a trabalhar para ajudar a família a sobreviver. Noutras situações, porém, apesar das dificuldades econômicas, a infância é vivida da forma como muitos pais da cultura ocidental idealizam para os seus filhos. As crianças movimentando-se sozinhas ou em grupo sem a necessidade da constante presença dum adulto, a liberdade, a segurança, as capacidades de autonomia e entre-ajuda baseada nos valores da cooperação e da solidariedade intrínsecos às comunidades onde vivem, o contato com os animais, a natureza.

Por que chamar a sua prática de Filosofia e não simplesmente de pensamento? Ou seja, qual é a especificidade filosófica do que faz?

Para que através da prática da Filosofia possam ser removidos alguns dos obstáculos acima referidos, que atravessam a infância, vimos como é necessário não só outorgar-lhes um espaço de partilha e de elaboração, isto é, de pensamento, como ainda trabalhar a nível duma articulação com as suas questões existenciais, metafísicas, enfim as suas interrogações filosóficas. Quando num diálogo entre crianças essas ideias filosóficas não surgem, quando a criança não as coloca, o adulto procura fazer essa articulação apresentando uma questão cuja problemática filosófica está contida de forma implícita na troca de ideias e opiniões ou relatos do grupo. Assim ele sugere que o pensamento se torne filosófico e simultaneamente vai se aproximando do pensar na Infância.

Como pensar a formação docente para filosofar com crianças?

Penso a formação para professores como parte integrante da minha prática. Uso os registros dos diálogos entre crianças obtidos ao longo das experiências com as crianças enquanto suporte para a reflexão com os professores. Ao mesmo tempo em que tento lhes transmitir essas experiências, procuro que construam seu próprio caminho na Filosofia. Mediante esses textos a propósito de discussões em torno de interrogações filosóficas (metafísicas, existenciais, estéticas e éticas) pretendo também exemplificar a natureza filosófica do pensamento das crianças e dar a conhecer a capacidade das crianças para construir em grupo as suas próprias respostas. Apresento citações e textos de filósofos ou estudos que possam ajudar a refletir sobre as relações entre Infância, Filosofia e Educação. Através da dinamização de sessões práticas de Filosofia entre os formandos, com base, seja em perguntas colocadas pelas crianças, textos escritos por elas, seja em outras questões que possam surgir ao longo da formação (por exemplo, a respeito da relação do professor com o ensinar e o aprender), os professores são preparados para a prática em sala de aula. A deslocação às escolas é fundamental para uma coorientação das sessões dirigidas ao seu grupo de alunos para poder acompanhar o professor na sua experiência. A questão de saber se é necessária ou não uma formação filosófica para praticar Filosofia é importante, mas também relativa. Mesmo sem formação filosófica alguns professores chegaram a mudanças consideráveis na sua prática, como por exemplo fazer a descoberta dos seus alunos sob novos olhares e estabelecendo com eles novas dinâmicas relacionais. O fato de poderem partilhar as mesmas questões sobre a vida que as crianças coloca o professor diante de situações e questões que devem ser validadas, identificadas e refletidas com o grupo ao longo da formação e se possível à medida que vão surgindo. Estas modificações no modo do professor ver, sentir e entender os seus alunos podem ter um impacto a nível do seu desempenho nas outras aprendizagens que pode ser avaliado. Para além disso, ao escutar as crianças o professor se vê confrontado com uma nova experiência do pensamento. As ideias das crianças colocam-no perante as suas próprias incertezas e dúvidas, confrontam-no com os seus preconceitos. Nesse sentido, são as próprias crianças que conduzem o adulto à experiência da Filosofia. O trabalho com o professor pode dar-se em vários níveis dependendo da sua capacidade de entrega e do seu desejo de fazer Filosofia. A partir do momento em que entrou para a prática corre o risco de ver abaladas as suas convicções acerca do que está certo ou errado, mas com isso também poder vir a enriquecer a sua própria existência. É importante ainda preparar os professores para questionarem, problematizarem e identificarem os problemas que estão implícitos nos discursos das crianças.

Quais os pressupostos epistemológicos (e/ou estéticos, políticos...) de sua prática?

Ao trabalhar com crianças de comunidades emigrantes dos bairros da periferia da capital de Lisboa ou com crianças de comunidades pobres em Cabo Verde, entendo que existe uma dimensão social subjacente ao meu trabalho. Trata-se das camadas mais desfavorecidas e excluídas da nossa sociedade e da tentativa de capacitar as crianças para elas próprias conseguirem diminuir o impacto das suas dificuldades. Esse trabalho é realizado enquanto ação-investigação, nomeadamente a partir dos diálogos das crianças que são sempre gravados, registrados e submetidos a uma análise filosófica, a partir das seguintes referências: fenomenologia de Husserl, interpretação dos présocráticos por Nietzsche, conceitos de Gilles Deleuze, Jacques Rancière e José Gil, como ainda aos estudos sobre a criança na área da psicologia transcultural por Marie Rose Moro e a bibliografia sobre a resiliência da autoria de Boris Cyrulnik.

A prática filosófica pode ser avaliada? Como?

Cada criança apresenta uma experiência distinta pelo que não me parece ser possível constituir um modelo de avaliação desta prática. No entanto, por exemplo, através da leitura e análise dos registros das falas das crianças e da relação que estabelecemos com as crianças, é possível perceber o impacto que a experiência filosófica tem na vida de cada uma delas. Como exemplo, faço referência a duas crianças que conheci em Cabo Verde, o Hernani e o Nani. No início do nosso encontro, o primeiro, mostrava-se sempre silencioso e tímido. Era uma criança mal amada pelos familiares mais próximos e a quem eram exigidas muitas horas de trabalho logo após a escola, como guardador de rebanhos e fazendo queijo para vender. Após um trabalho de validação e valorização dessas vivências, de reflexão sobre a sua situação através de perguntas mais gerais colocadas ao grupo todo (por exemplo, será que nem todas as crianças precisam brincar?), depois de observar e ouvir as outras crianças falarem, ele começou a expressar a sua visão do mundo, e em particular sobre a natureza, duma forma totalmente filosófica como se já a tivesse em mente, mas nunca tivesse tido oportunidade para a partilhar. Sem dúvida que o exercício de contemplar a natureza à sua volta durante as longas horas passadas com os animais através dos montes tinha lhe permitido elaborar esse tipo de olhar, embora antes nunca tivesse sido valorizado. O fato de perceber o impacto que teve em mim esse traço da sua personalidade levantou a sua autoestima melhorando a sua participação, a sua relação com os colegas e também com a escola. Outra criança do mesmo grupo descobriu através da prática que era hipersensível às questões existenciais. Esse movimento inspirou-o para outras formas de expressão como a pintura e a escrita de textos poéticos que passou a trazer para as sessões. Assim, as mudanças que ocorrem em cada criança são singulares e devem ser particularizadas.

A avaliação da nossa prática enquanto profissionais também deve ser tida em conta. A participação em encontros como o da Ilha Grande é uma forma muito boa de nos confrontarmos com outras experiências, podermos partilhar e refletir em conjunto diversas formas de praticar Filosofia e ouvir os outros comentarem a nossa.

Em que medida Matthew Lipman teve influência no seu trabalho?

O meu primeiro contato com a prática da Filosofia com Crianças foi na escola "A Cooperativa A Torre" onde se encontra sediado o Centro Ménon de Filosofia com Crianças, cujas orientações seguem o modelo de Matthew Lipman. Esse primeiro encontro resultou numa experiência marcante e fundamental não só para a escolha da minha profissão como para o desenvolvimento da minha prática até hoje. Ao ouvir e ver as crianças filosofarem em torno de temas que andava a estudar enquanto finalista do curso de Filosofia, mas de forma muito mais alegre e leve do que na Universidade, senti-me confusa e surpresa. A imagem desse encontro levou-me a investigar o pensamento das crianças no âmbito do trabalho final do curso de Filosofia, sob a orientação do professor José Gil e permanecer naquela instituição mais dois anos para aprender a prática segundo o programa de Matthew Lipman. Foram esses os dois pontos de partida para aquilo que constitui hoje a minha prática.

Laura Agratti[10]

Sou professora e, como toda docência supõe investigação, investigo. Além disso, me afirmo em uma perspectiva teórica, desde a qual levo adiante meu trabalho em docência, investigação e extensão, que concebe os temas de ensino da filosofia como problemas filosóficos.

Neste sentido, nas tarefas de docência e investigação, cujo objetivo é ensinar a ensinar filosofia a alunos de licenciatura

---

[10] Tradução de Ingrid Müller Xavier. Laura Agratti é professora de filosofia da educação e estágio em filosofia da Facultad de Humanidades y Ciencias de la Educación da Universidad Nacional de La Plata (UNLP), Argentina onde coordena o projeto *Filosofia con Niños en la Escuela Graduada: un proyecto de práctica filosófica en la educación*. E-mail: lagratti@isis.unlp.edu.ar

em filosofia, proponho uma perspectiva não didatista, embora a matéria que ministro se chame *Didáctica Especial y Prácticas Docentes en Filosofia*.[11] Pelo contrário, tenho me esforçado em construir uma perspectiva filosófica do ensino da filosofia convencida de que é um território com problemas próprios, e é a partir dessa visão geral que pensamos o trabalho de extensão que se enquadra no *Projeto Filosofia con Niños en la Escuela Graduada: un proyecto de práctica filosófica en la educación*,[12] desenvolvido na Facultad de Humanidades y Ciencias de la Educación, na Universidad Nacional de La Plata, Argentina.

Uma perspectiva filosófica para o ensino da filosofia

Essa ideia, que sustento, de pensar o ensino da filosofia como problema filosófico implica um conceito de filosofia: entendida como uma atividade que desnaturaliza o óbvio, que longe de estabilizar sentidos, os desloca. E, deste modo, indaga e questiona aqueles que parecem mais assentados, mais cristalizados; no caso do ensino da filosofia remete a questões como "ensinar", "aprender", "dar a ler", "avaliar", "problema", "pergunta", "experiência", "saber", "ignorância", "verdade", "conhecimento", "exame", "texto", "escrever", sobre as que haveria um acordo generalizado. Todos esses grandes temas necessitam ser interpelados em cada experiência pedagógica, uma e outra vez, porque são questões que nos atravessam e diante das quais não podemos ficar indiferentes, já que são constitutivas e estruturantes da prática docente.

No entanto, essa postura nem sempre tem uma boa recepção. Esse sentido questionador que propicio encontra resistência por parte de alguns alunos e colegas que, acossados pela urgência de dar aulas, pedem métodos, técnicas e recursos

---

[11] Didática Especial e Práticas Docentes em Filosofia.
[12] Filosofia com Crianças na Escola Graduada: um projeto de prática filosófica na educação.

para aplicar eficientemente na escola. Requerem um recurso para dar um conteúdo e, deste modo, deslocam a reflexão sobre o sentido de colocar um recurso na aula, suas motivações, seus possíveis efeitos. Assim, o imediatismo, a urgência obstruem a pergunta e com ela se cancela sua experiência. Por que a textualidade tem um lugar na aula de filosofia? Que é o filosófico nela? O que significa dar a ler? São alguns exemplos de interrogações vivenciadas como perda de tempo ou como algo que até poderia ser pensado, porém mais adiante. O questionamento, a indagação sobre si mesmo, é adiado ante a ansiedade de dar resposta, e já não sobra espaço para a pergunta. Entendo que, se não se problematiza filosoficamente nossa tarefa, se nossa subjetividade não se sente interpelada pelas decisões que orientam nossa postura como ensinantes de filosofia então, pergunto-me até que ponto se poderá filosofar com outros se não houve lugar para esse exercício sobre si mesmo? Aparece uma nova pergunta que desvela uma dimensão de fundamento que permanecia invisível. Neste jogo de separação que provoca a pergunta está a chave para compreender o ensino de filosofia como prática filosófica.

Essa mesma tensão aparece em nosso grupo de extensão. Nossas reuniões se consomem entre os inevitáveis relatos de experiência e o debate posterior sobre as possibilidades para pensar a aula seguinte. Não sobra tempo para uma metacognição da experiência. Essa dificuldade, creio, é minimamente remediada nos seminários ou oficinas de capacitação docente onde parece existir uma liberação do cotidiano e se consegue um microclima onde se descobre, não sem surpresa, que diante da pergunta referida ao que se realiza todos os dias, por exemplo, ensinar, ficamos sem palavras. Talvez se poderia pensar que falta deter-se e refletir em torno das razões e dos motivos que explicam a facilidade com que articulamos o relato dos fatos perante a crescente dificuldade em que entramos na hora de sistematizá-los, conceitualizá-los, para, finalmente, investigar e construir uma teorização sobre tais fatos.

Algumas tensões implicadas na prática filosófica no ensino da filosofia

Embora as atividades de docência, investigação e extensão pareçam muito distintas entre si, elas estão profundamente ligadas por um núcleo conceitual e um conjunto de tensões que emergem toda vez que nos dispomos a pensar nossas práticas de ensino. Formularei algumas das mais relevantes:

A ideia de filosofia, o eterno retorno a um problema por todos conhecido. Contudo, há que advertir que no ensino da disciplina esse problema se dirime colocando a dicotomia que se desprende de considerar a filosofia como substantivo ou como verbo. Certamente, tomar partido nesse sentido põe de manifesto, por um lado, a discussão necessária em torno das possibilidades do ensinante e sua relação com o saber e, por outro, a estreita vinculação que é desejável estabelecer entre conceito de filosofia e modalidade no ensino. Assumo nesse debate uma posição a favor da filosofia como filosofar da qual se segue a convicção de um "professor-produtor" e uma modalidade problemática para o ensino da filosofia.

Com esses pressupostos penso em um professor que, a partir da filosofia recebida através de gerações e cristalizada na tradição, seja capaz de se permitir a distância que habilite o surgimento da pergunta e, deste modo, torne efetiva a ação do filosofar e se constitua em um intelectual crítico do próprio saber que acreditava deter. Colocar-se em questão para colocar em questão e converter-se assim em um sujeito atravessado pela experiência da pergunta é uma disposição pessoal e íntima que redundará em sua atividade como docente, favorecendo a distância em outros, nos alunos, não apenas sobre os textos, mas também em relação a si mesmo. Na mesma direção em que afirma Deleuze em *Diálogos* (DELEUZE; PARNET, 1998, p. 13), quando sustentava que havia que pôr tudo em uma bolsa com a condição de que também se pusesse ele mesmo nessa bolsa.

Este "professor-produtor", criador de um momento irrepetível: o desta aula, com estes alunos, é aquele capaz de advertir a diferença na repetição, é o professor-filósofo que encarna a prática filosófica na sala de aula, condição de possibilidade para que os alunos atravessem a experiência desse gesto irreverente que é a filosofia entendida desde a nossa posição.

Neste sentido, um professor que, longe de internalizar em seus alunos uma imagem de mestre-verdade, seja capaz de desencadear uma atitude filosófica, impossível de validar, inapreensível ao pensamento, mas que, no entanto, na experiência tenha a potência de provocar a distância para que surja a pergunta que interpele a verdade recebida dos lábios do professor na aula. Esse professor terá contagiado seus alunos com essa "atitude filosófica" da qual podemos dizer pouco e, contudo, tanto sabemos de sua potência. Justamente, neste momento em que penso, na escritura, na atitude filosófica como uma impossibilidade ao pensamento, encontro dois atributos que se lhe adjudicam à dúvida cartesiana que poderiam corresponder também à atitude filosófica: ser ao mesmo tempo hiperbólica e radical.

Por isso, o ensino da filosofia resulta paradoxal porque, no mesmo momento em que se pretende ensiná-la e se a estabiliza dotando-a de um sentido unívoco, se suprime aquilo que lhe é próprio, o gesto interrogativo, o caráter controverso, a dimensão deliberativa. No entanto, é esta mesma situação a que outorga toda a potência para pensar seu ensino e abre outra série de interrogações: por exemplo, uma filosofia que adota este sentido no ensino, é ensinável? A experiência de pensamento pode ser transmitida ou é intransferível? Pode ser uma experiência coletiva ou se vive individualmente? Quando poderíamos dizer que "aconteceu" filosofia em uma aula?

Prática filosófica ou somente pensamento?

O filosofar na sala de aula motiva retornar a essas perguntas, embora a filosofia mesma nos enfrente com um princípio de realidade: se é ensinada, se é transmitida, se é feita com outros, há aulas de filosofia; está institucionalizada, se é apresentada em programas, se é tornada objeto de divulgação, se lhe atribuem modelos formais para seu ensino. Tudo isto implica a presença de um pensamento que se ensina, que se transmite, que se conforma com outros, que é o motivo da aula de filosofia, que ocorre entre paredes regulamentadas, que se sistematiza em programas, que se enquadra em formatos atrativos para sua divulgação, que se estrutura em modelos para serem ensinados. É precisamente nessa descrição que se pode assinalar um atributo que confere especificidade à filosofia e a particulariza em um tipo de prática reflexiva especial com respeito ao pensamento em geral. A prática da filosofia é paradoxal, enquanto que o simples pensamento não é. A pergunta filosófica mesma é paradoxal. Tentamos pensar o impensável, e os filósofos são figuras paradoxais, e os professores filósofos, quando exercitam o filosofar pensando a tarefa a partir de dentro, são paradoxais, e paradoxais são os alunos contagiados de atitude filosófica em diálogo intempestivo com o saber recebido por parte do professor.

Pensando no âmbito do ensino, o filósofo J. Derrida pôs em consideração sete antinomias que ele percebia na instituição da filosofia. Em uma carta que denominou "As antinomias da disciplina filosófica", enviada ao *Colloque Rencontres École et Philosophie* na Universidade de Paris X, em outubro de 1984 (DERRIDA, 1990, p. 511-524),[13] sustentou que a partir delas deriva um conjunto de problemas próprios do campo do ensino da filosofia que são relevantes na hora de pensar filosoficamente a formação de professores. Seguindo a análise das mesmas que faz Walter Omar Kohan (2009), tomaremos uma das consequências que se extrai das antinomias de Derrida, a que afirma que uma

---

[13] Este texto, intitulado "Les antinomies de la discipline philosophique", foi primeiramente publicado como prefácio ao livro de Jacques Derrida *et al. La grève des philosophes. École et philosophie*, 1986, e depois reproduzido em J. Derrida *Du droit à la philosophie*, 1990.

comunidade filosófica desejável é aquela que não nega essas antinomias, mas que pensa o que pode surgir a partir delas. Nela se retrata um elemento essencial de uma atitude filosófica: que podemos esperar, aqui e agora, dessa prática paradoxal, impossível e necessária que é o ensino de filosofia? Uma comunidade filosófica que mereça este nome faz de suas condições paradoxais uma oportunidade para pensar-se a se mesma.

Formar no paradoxo

Por tudo o que vimos sustentando, a formação docente para filosofar com crianças não pode ser senão prática. Trata-se de pôr em ato a potência interior e comparti-la com outros em um movimento de ir e vir que terá efeitos. Em algum caso, produzirá uma trama única impossível de ser transmitida embora continue pensando-se a si mesma na solidão da escritura. Escritura de experiência que gerará outra experiência, a do diálogo com nós mesmos motivados pelos ecos das vozes de outros que ainda ressoam. "Não sei como me contaminei com isto", "não sei por que estou fazendo estas perguntas", "como é que agora vejo as coisas desde outro ponto de vista", "como foi que me virou a cabeça", são algumas das expressões que ouvimos após o fim de um curso de capacitação ou uma oficina de reflexão. Os alunos se dão conta de uma transformação, expressam uma segurança diante da insegurança. Os docentes se sentem transformados por uma prática coletiva de formação na qual a suspensão provisória do juízo tem mais entidade que uma frase contundente. Fica traçado o caminho para a investigação que colaborará com a geração de um estilo de pensar próprio, mas que ao mesmo tempo é tributário do pensamento de outros.

Pressupostos epistemológicos e políticos

Agora, já realizado esse exercício de pensamento a partir de minha prática docente, desse filosofar na educação, queria postular a necessidade de tornar consciente outro paradoxo que dá sentido ao ato de ensinar com a finalidade de tornar visíveis os limites de suas boas intenções (RANCIÈRE, 2002).[14] Esse jogo das perguntas talvez tenha uma única consequência: tornar-nos conscientes dos supostos que a "educação-resposta" guarda para resistir à "educação-pergunta". E sem dúvidas é assim, por esse mandato constitutivo da educação, que se sintetiza em sua função de transmitir conteúdos ou, o que é o mesmo, verdades. A "educação-verdade" transforma a pergunta dotando-a de um sentido estranho. A presença da pergunta dá mostras da ignorância e, ao mesmo tempo, tem necessidade de reduzi-la. Na "educação-resposta", uma pergunta na boca do docente dirigida a um aluno não expressa ignorância, ao contrário, pressupõe um saber no mestre que buscará confirmá-lo no aluno. E do mesmo modo, a pergunta que o aluno faz ao docente dá mostras de sua ignorância que se pretende reduzir quando na boca do mestre brilhar o conhecimento. É possível pensar este problema porque, em primeiro lugar, o explicitamos, identificamos tensões. A explicitação dessa trama torna-se condição de possibilidade para nos perguntarmos pelo tipo de compromisso político que essa educação-verdade tem com os que vêm chegando. Porque é por eles que a presença do professor-verdade ganha sentido e, no entanto, é contra eles, aprofundando a dependência e a desigualdade que transita na tarefa. Paradoxos que nos assaltam a cada vez que nos dispomos a pensar radicalmente a educação. Paradoxos sobre os que se deve insistir, impossíveis/possíveis que deve-se permitir pensar.

O problema da validação da prática filosófica

É possível avaliar uma prática filosófica? Se se considera a questão da validação para a prática filosófica desde a perspectiva

---

[14] Trata-se precisamente de uma ideia enunciada por Rancière (2002) para justificar por que tornar a pensar em Jacotot no século XXI.

quantitativa, que faz referência ao mensurável e ao quantificável, obviamente a resposta é não. Como qualificar, validar, medir, classificar a experiência que tem lugar em uma aula em que deflagramos a atividade de filosofar e na qual avalizamos e até promovemos o surgimento de tensões e paradoxos para continuar forçando o pensamento a seguir numa senda infinita? Porém, se a questão da validação de uma prática filosófica é concebida desde a perspectiva qualitativa, é possível que com a disposição e compromisso dos participantes ela possa ser levada a cabo. Para poder pôr em prática essa perspectiva, penso nos escritos sobre avaliação de Angélica Sátiro, no final da década de 1990, nos quais convida a pensar que o momento da avaliação pode ser considerado como um espaço em que, além do mais, se produz uma aprendizagem. Essa ideia sempre me foi atraente para continuar pensando esse sensível e delicado problema de nossa prática docente.

A recepção de Lipman em nosso trabalho

Conheci a obra de Matthew Lipman em uma conversa informal com Walter Omar Kohan em um bar de Buenos Aires. Em um primeiro momento, o que me chamou a atenção não foi tanto a ideia de filosofia para crianças (FpC), mas a figura do professor de filosofia Matthew Lipman. Um docente universitário que teve a capacidade de mostrar-se diante de seus contemporâneos como um "professor-produtor" que, preocupado com os problemas de aprendizagem de seus alunos, assumiu a tarefa de pensar as causas dessas dificuldades. O professor-filósofo encontrou uma tensão e se dispôs a pensá-la criticamente valendo-se da filosofia que conhecia. Não buscou saber mais, não saiu investigando mais filosofia para resolver a tensão, mas criou, com esse saber preconcebido, um recurso literário sustentado por invisíveis fios lógico-filosóficos. Mais adiante, estruturou um conjunto de atividades para acompanhar os docentes que quisessem pôr em ato esse recurso. Um plano de trabalho para a prática, conformado fundamentalmente com planos de discussão e exercícios de estimulação crítica. Um livro que, pretendia Lipman, longe de obrigar a segui-lo rigorosamente, nas mãos do docente, serve de modelo. Desta maneira, o "professor-produtor" desenhou uma vasta e complexa obra, pensada desde sua formação acadêmica. No entanto, ficava algo por descobrir: o professor Lipman expondo as convicções educacionais, estéticas e políticas que o habitavam na hora de pensar a filosofia com crianças. Essas convicções foram desenvolvidas em *A filosofia vai à escola* (1990), como declaração de princípio em que expôs os fundamentos que sustentam seu arcabouço didático. Com esse gesto, o "professor-produtor" apresenta o que, a meu ver, pode ser considerada uma filosofia na educação. Isso é o magnífico do professor Lipman, sua vocação não só para construir desde a filosofia uma ideia para a prática, mas também, para apresentar as questões de fundamento que a sustentam. Uma obra, até onde conheço, sem precedentes.

Contudo, sabemos que as posturas filosóficas no ensino de filosofia encerram paradoxos. Lipman não é uma exceção e, a meu ver, ali é onde radica toda sua potência e relevância. Porque nos permite continuar pensando, explorando tensões que, longe de imobilizar-nos, produzem novas ideias.

Em consonância com o anteriormente dito, coloco um paradoxo que surge de pensar a figura do professor Lipman, paradoxo que, por outra parte, creio, convive nos ensinantes de filosofia que de fato assumem sua tarefa à maneira de Lipman. Isto é, ser um professor-produtor formado na filosofia, no substantivo, propiciando na aula o filosofar, o verbo. O que resulta na seguinte situação por todos experimentada: um filosofar na aula que torna invisível, por definição, a formação no substantivo, substantivo que esteve visível, absolutamente presente, na hora de selecionar e produzir o material para a aula e que estará implícito, sem manifestar-se para os alunos, na prática dialógica em que se realiza o verbo, o filosofar.

Lipman pôs uma ideia no mundo, e fez isto desde a sua biblioteca e desde a sua prática docente. Fez isto desde seus saberes, desde o que conhecia. Mas, como toda ideia no mundo, sai para dialogar com outras ideias, quer dizer, com múltiplas bibliotecas e experiências de aula. Assim, o filosofar com crianças em alguns se transformou em um credo, em outros, em fonte de inspiração crítica. O próprio "professor-produtor", que dispôs da filosofia que conhecia para resolver uma tensão, gerou uma nova tensão, um paradoxo. Filosofia para crianças adotou a forma de um programa ao mesmo tempo em que se consagrou como uma concepção a ser revisada criticamente. Como toda filosofia na educação que dialoga com a experiência de leitura, sempre atravessada pela subjetividade, encontrou a voz crítica. O calcanhar de Aquiles da obra de Lipman foi o fato de haver convertido a filosofia em programa, em um modelo, em um dispositivo. O que para muitos constitui algo valioso, o dispositivo para dar aula, para outros é sua debilidade.

Evidentemente, Lipman foi um inovador que acreditou ser possível convidar as crianças a compartir a experiência da filosofia que era desejável e difundir esse convite entre os adultos para que participem e construam essa experiência, inédita no ensino da filosofia, que é o encontro com a infância. Há que continuar traçando caminhos de reflexão com os que vêm chegando a ser mestres desse paradoxo – felizmente interminável – que é a filosofia na educação.

Capítulo IX

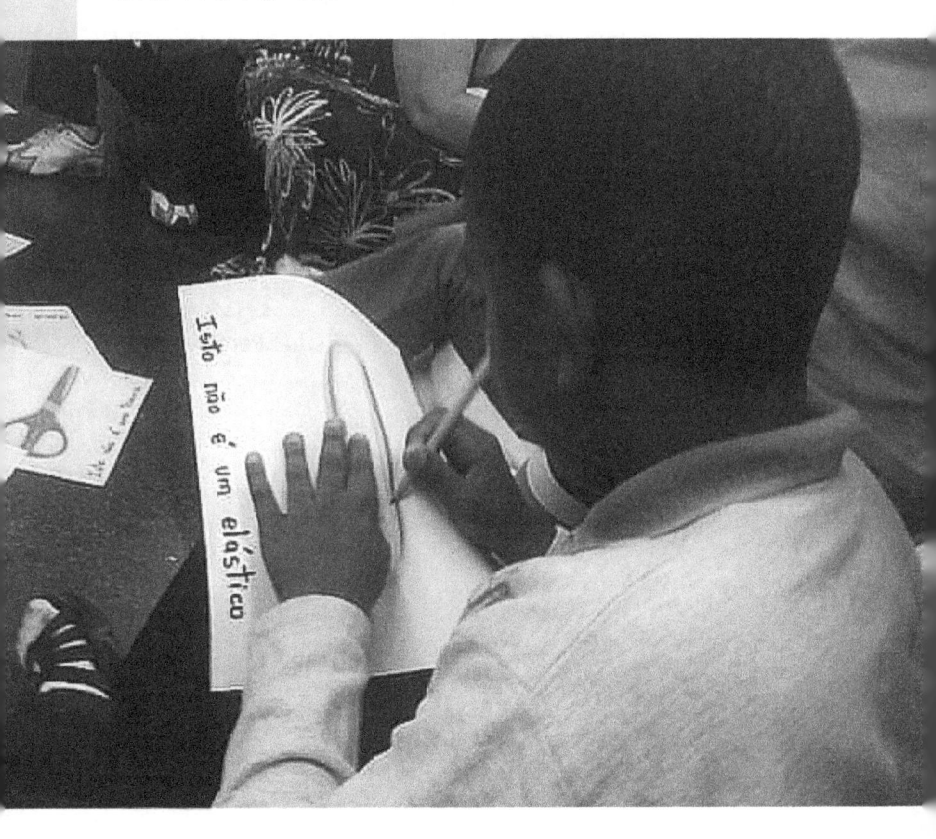

> *A filosofia para mim é uma coisa muito importante na minha vida porque quando eu comecei, eu era muito tímida, não falava nada. Mas conforme o tempo eu fui mudando e hoje eu falo o tempo todo. Fico mais dentro do assunto.*
>
> *Na filosofia, qualquer coisa vira um debate, de uma simples palavra criamos vários adjetivos, tempos, lugares. Aprendemos muitas coisas, palavras diferentes. Não existe palavra para descrever a filosofia. Eu amo a filô!*

Esther Pereira Bento

Em Caxias, a filosofia "des-encaixa"?

Filosofar, experiência do pensamento e criação

Danilo Augusto Santos Melo[1]

A filosofia tem sua idade, ela nasceu faz muito tempo, cerca de 2.600 anos, e desde lá a conhecemos frequentemente por sua aparência adulta, bem constituída, acabada em seus autores e respectivas doutrinas e conceitos. Entrar em relação com a filosofia por seus aspectos já constituídos não é tão fácil, pois temos que, a partir de algum ponto de contato com ela, nos remeter ao contexto histórico em que um conceito ou pensador formulou seu pensamento para que possamos "compreender" a complexidade das suas ideias. O que quero dizer é que essa forma de relação nos induz a adquirir um saber já feito, "adulto", e a nos tornarmos capazes de reproduzi-lo de maneira mais ou menos abrangente.

Mas e a infância? A filosofia não possui uma infância? Cada pensamento e cada conceito não têm, eles mesmos, uma infância que os liga a todos os outros, de todas as épocas? Se pensarmos que a história da filosofia "adulta" pode ser percebida como um jogo de encaixe entre as doutrinas que se sucedem, retomando ou afastando-se umas das outras, mas sempre conectadas, a infância que as atravessa consistiria num desencaixe contínuo dos saberes e ideias já concebidas, como o desmontar de um Lego que possibilita outras maneiras de pensar, isto é, desencaixe que permite que um pensamento se

---

[1] Pós-doutorando pelo CNPQ no Programa de Pós-Graduação em Educação da Universidade do Estado do Rio de Janeiro. E-mail: danilaugusto@yahoo.com.br

crie e se torne adulto mas que também possa se transformar depois de constituído.

Então o desafio é outro quando se pretende encaixar uma relação com a filosofia a partir de sua infância. Trata-se, de fato, de uma relação paradoxal, já que se busca um encaixe pelo desencaixe. O desafio é ainda maior quando se pensa que a introdução de uma disciplina numa escola municipal de Duque de Caxias não ensinará a seus alunos um saber historicamente consolidado e que eles poderiam aprender algo que vem sendo produzido há mais de 2.000 anos. Assim, se formos capazes de encaixar a filosofia na escola através de sua infância, teremos que sustentar o paradoxo de ensinar a "desaprender", a desencaixar os modos de pensar, de perceber e de sentir que já possuem de modo sedimentado, adultos e crianças, professores e alunos.

Chamemos esse desencaixe produzido pela infância da filosofia de "experiência do pensamento", e então vemos que há uma importante diferença entre saber e pensar. O saber pressupõe um conhecimento já feito que podemos adquirir, "aprender" e reproduzir, que é elaborado por um outro, e não por nós mesmos no momento em que o "aprendemos". Já o pensar é uma experiência que se faz no limite dos saberes, isto é, no limite do não saber, quando todo o conhecimento que possuímos não nos é suficiente para compreendermos uma situação ou resolvermos um problema. Desse modo, pensamos nesse limite onde se sabe alguma coisa, mas não se sabe muito, pensamos nessa infância que é a experiência em que algo se inicia e para a qual os pontos de referência que possuímos não nos servem mais de apoio.

Mas quem quer habitar esse limite de não saber? E como fazer essa experiência de desencaixe dos nossos conhecimentos se encaixar numa escola, que é o lugar "por excelência" da aquisição do saber? Tarefa paradoxal da infância da filosofia, e que encontra muitos obstáculos de ordem afetiva, burocrática e política nas escolas do município de Duque de Caxias em que esse projeto de extensão do Núcleo de Estudos de Filosofia e Infância (NEFI), da Universidade do Estado do Rio de Janeiro (UERJ), tem se realizado. Mas esse projeto também tem encontrado muitos êxitos, se é que é possível falar que algum "objetivo" esperado tem sido conquistado nessas experiências de pensamento, sobretudo em relação com os alunos. Estes não saem das experiências de pensamento com um novo conhecimento formado, adquirido pela reflexão e assegurado pelos professores de filosofia, mas têm a possibilidade de entrar em contato com a infância do pensamento que lhes ensina que os saberes são sempre parciais, logo passíveis de serem questionados; isto é, por meio de interrogações os alunos são levados a desencaixar seus conhecimentos do ponto final em que eles supostamente habitavam e passam a lhes dar movimento através de vírgulas, parênteses e reticências. Neste percurso movente não se chega a um novo ponto final e se aprende que o conhecimento que é alimentado e criado pelo pensamento não tem ponto de chegada, se se quiser, ou melhor, que os saberes não são definitivos, que nada do que sabemos, sentimos e percebemos é fixo e de uma vez por todas, mas que foi criado em nós e/ou por nós a partir de nossas experiências cotidianas. Trata-se, portanto, de "chegar à infância", a essa experiência movente do pensamento pela qual encontramos a mudança.

Mas o que muda? Mudamos nós mesmos e o mundo que cada um de nós conhece, simultaneamente. Muda a subjetividade e o meio que a ela se associa, num movimento recíproco de variação que nos permite perceber que ambos estão ligados indissociavelmente. Mudanças facilmente palpáveis que acontecem nessas experiências e que nos são relatadas pelos professores e pelos pais dos alunos, na escola e em suas casas, experiência que ganha o lado de fora dos muros da escola e da casa, que faz o mundo crescer ao mesmo tempo que se pode ver, sentir e pensar sempre de modo diferente do que estamos acostumados em nosso dia a dia. E não se trata de se tornar mais inteligente ou mais "esperto", mas talvez de se tornar mais criativo e mais leve, ou menos previsível e menos enrijecido diante das experiências. Trata-se então de uma mudança no modo como cada um se coloca diante da própria vida... uma saúde?

Parece que nos perdemos, estamos agora falando de subjetividade e vida?! Caímos em outro campo de saber, no da psicologia? O que é que isso tem a ver com a Filosofia e seu ensino? E a educação, já não falamos mais dela? O que aconteceu nessa deriva entre encaixes e desencaixes dos saberes????

Ah, a infância! Tudo começa a mudar quando se chega aí. Se o percurso que traçamos até aqui nos permitiu chegar à infância pela filosofia, através do desencaixe dos conhecimentos sedimentados pela experiência comum, percebemos agora que ela não lhe pertence, mas é apenas um dos campos atravessados por ela, assim como a psicologia e a educação, e o seu acesso nos possibilita experimentar uma espécie de dissolução das fronteiras que separam esses campos de conhecimento. A infância é transdisciplinar, ela não pertence a uma especialidade, e seu acesso nos permite transitar por um plano em que os campos do saber se compõem antes de serem recortados por seus limites parciais. Experiência da imanência, a infância não pressupõe um progresso ou uma evolução para ser acessada, mas antes uma "involução criadora" que nos coloca em contato com o élan da vida, isto é, com o movimento pelo qual nos diferenciemos de nós mesmos. Os dispositivos para se chegar à infância são inúmeros, podem provir de diversos lugares (livros infantis e de arte, objetos, material de desenho, salada de frutas, textos de filosofia e de literatura, filmes etc.) e possuir diferentes pretextos (filosóficos, educacionais, terapêuticos...), contanto que permitam conectar-nos ao movimento de criação que decorrem nos variados campos da experiência.

Voltemos a Caxias e aos encaixes da infância da filosofia. As oficinas com as crianças produzem frequentemente experiências do pensamento em que o filosofar se expressa de modo palpável a ponto de se criarem questionamentos bastante aproximados aos de pensadores da filosofia "adulta". Lembro, por exemplo, de uma oficina em que se utilizou o livro *Isto não é*, de Alejandro Magallanes. Neste material são apresentadas imagens de objetos comuns, como uma tesoura, um elástico, uma pedra, um grampeador, um parafuso etc., e na parte seguinte se diz, por exemplo: "isto não é uma tesoura, isto é?", e então as crianças deveriam criar algo a partir da tesoura ou de outro objeto com o uso de material de desenho. Daí, o parafuso se tornou uma borboleta, ou a tesoura uma bailarina, a partir da imaginação criadora das crianças. Enfim, após as inúmeras experiências de desencaixe dos sentidos e significados dos objetos comuns, e da conseguinte criação de novos sentidos e formas, seguiu-se um diálogo do que havia se passado ali com as crianças. Depois de muitas conversas, um garoto de aproximadamente 12 anos disse que havia escrito algumas coisas que ele havia sido levado a pensar durante a oficina. O professor perguntou se ele gostaria de ler o seu texto, o que foi aceito de pronto. Era sobre o tempo, um questionamento do tempo do relógio, sobre o tempo medido em unidades estáveis (segundo, minuto, hora, dia, mês, ano...). Apesar de parecer e se dizer confuso, o garoto se perguntava por que ele não conseguia apreender o instante presente em sua cabeça, que o presente sempre o escapava. Então ele comparava o tempo do relógio, onde os segundos podiam brevemente ser fixados pelo ponteiro ou pelo número digital, com esse tempo que escorria em sua cabeça e não se deixava fixar em um momento.

O que se via passar ali era um desencaixe por conta própria de algo que nos é comum e habitual, a medida do tempo em unidades distintas e fixas, e as questões que foram colocadas por essa criança acerca do tempo me fizeram perceber a proximidade com os problemas que deram origem à filosofia da duração de Henri Bergson. O ponto de partida do pensamento desse filósofo consiste precisamente em se dar conta de que o tempo convencionado pelo homem para guiar sua conduta utilitária é espacializado, isto é, determinado por referenciais fixos e imóveis em si mesmos e que se justapõem uns após os outros, como, por exemplo, os intervalos que separam e justapõem os segundos, minutos e horas, e sobre os quais se deslocam os ponteiros de um relógio. Do mesmo modo, em Física o tempo é determinado pela velocidade de um móvel que se desloca num espaço, isto é, se temos um espaço fixo E (composto por unidades de medidas fixas: milímetro, centímetro, metro, quilômetro...) e um móvel numa velocidade constante V, podemos calcular o tempo em que este sai de uma posição inicial S e chega numa posição final S' a partir de sua velocidade média. (Este cálculo pode ser alcançado pela fórmula: $Vm = \Delta S / \Delta t$)

As questões que se sucedem a essa compreensão são colocadas por Bergson mais ou menos assim: o que é o tempo em si mesmo, ou seja, quando não está submetido ao espaço? Ou melhor, em que consiste o tempo quando não está determinado pelos intervalos espaciais que nos servem costumeiramente a medi-lo? Por fim, como compreender a passagem do tempo sem subordiná-lo ao espaço? Diante desses pontos de interrogação, a filosofia bergsoniana se origina como um esforço em pensar o que é o tempo como continuidade indivisível e heterogênea, isto é, como duração. E Bergson encontra esse modo de pensar o tempo ao analisar, num primeiro momento, o movimento contínuo e variável de sua própria consciência. O tempo da consciência é uma pura continuidade, e nenhum ponto ou imagem pode ser apreendida fixamente sem que outras imagens venham a aí se inserir, de maneira que não podemos parar ou dividir o fluxo da nossa consciência, por mais que nos esforcemos. Aí está a intuição do tempo como "Duração" contínua da filosofia de Bergson e que tem em sua infância o mesmo desencaixe que pôde ser acessado pelo garoto da escola Pedro Rodrigues do Carmo, no município de Duque de Caxias, numa oficina de filosofia com crianças promovida pelo NEFI.

O projeto de extensão "Em Caxias, a filosofia en-caixa?" consegue, desde a perspectiva que pretende produzir uma intervenção transformadora a partir de dispositivos filosóficos, levar às crianças que participam das suas experiências uma mudança qualitativa significativa, tanto no que diz respeito a um interesse questionador que se propaga para as demais disciplinas e que chama a atenção dos demais professores quanto em seu comportamento fora da escola, sobretudo em suas casas, onde os pais se espantam com a mudança na forma de argumentar e perguntar de seus filhos. Os depoimentos de professores e dos pais das crianças expressam a importância das oficinas de filosofia na escola a partir dessa mudança no comportamento dos alunos. Porém, pode-se perguntar se essas crianças ficaram mais inteligentes, no sentido de saberem dar respostas para as questões ou problemas colocados por elas mesmas ou pelos professores e pais. A resposta não é necessariamente positiva, pois essa não é a questão que interessa ao projeto, embora interesse à escola. Então, poderíamos esperar que as crianças se tornem filósofas e passem a escrever sobre suas ideias e a criar conceitos? Também não é essa a questão. O que ocorre então com os alunos se eles não passam a adquirir um saber formado e não descobrem em si mesmos um dom que poderão seguir como profissão? O que mudou neles e que não sabemos precisar muito bem? Uma resposta um tanto quanto poética nos ocorre: o ar. Um ar fresco que revela a passagem da infância em suas maneiras de pensar, sentir e ver, uma rajada de ar que traz uma leveza e lhes permite se descolarem dos sentidos já prontos que os professores, a escola, os pais, os amigos, enfim, que o mundo já organizado lhes oferece cotidianamente.

Potência da filosofia quando se encaixa na escola pública, fazendo emergir a infância do pensamento que transforma a subjetividade de alunos e professores, mudando o ar nas aulas de filosofia, ar fresco que chega às outras disciplinas e chega até os lares, rajada de ar que se faz sentir distante e faz sentir o mundo de modo diferente do habitual. Entusiasmo do NEFI com a implantação do projeto "Em Caxias, a filosofia en-caixa?" que faz a infância da filosofia se encaixar no ensino fundamental do município de Duque de Caxias e promover o desencaixe da "vontade de saber" escolar, em favor de uma experiência do pensamento que se lança na criação de outros modos de pensar, ver e sentir das crianças. Compromisso dos professores das escolas públicas envolvidos com essa audaciosa experiência que transforma suas vidas e faz crescer a dedicação pelo ensino. Beleza no encontro da Filosofia com a Educação, quando a universidade vai à escola.

Referências

ARENDT, Hannah. *The Crisis in Culture*. Between Past and Future. New York: Penguin, 1977.

BARROS, Manoel. Uma didática da invenção. In: _____. *O Livro das Ignorãças*. Rio de Janeiro: Civilização Brasileira, 1993.

BARROS, Manoel de. *Exercícios de ser criança*. Rio de Janeiro: Salamandra, 1999.

BARROS, Manoel de. *Memórias inventadas*. As infâncias de Manoel de Barros. São Paulo: Planeta, 2010.

BERGSON, Henri. *Ensaio sobre os dados imediatos da consciência*. Trad. Port. João da Silva Gama. Lisboa: Ediciones70, 1988.

BERGSON, Henri. *Matéria e Memória*. Ensaio sobre a relação do corpo com o espírito. Trad. Port. Paulo Neves. São Paulo: Martins Fontes, 1999.

BERGSON, Henri. A lembrança do presente e o falso reconhecimento. Trad. Jonas Gonçalves Coelho. *Trans/Form/Ação*. Marília, v. 29, n. 1, 2006a, p. 95-121.

BERGSON, Henri. *O pensamento e o movente*. Trad. Port. Bento Prado Neto. São Paulo: Martins Fontes, 2006b.

BIOY CASARES, Adolfo. *De las cosas maravillosas*. Buenos Aires: Temas, 1999.

CASTRO, Edgardo. *Vocabulário de Foucault*. Um percurso pelos temas, conceitos e autores. Trad. Ingrid Müller Xavier. Belo Horizonte: Autêntica, 2009.

DELEUZE, Gilles; GUATTARI, Felix. *O que é a filosofia?* Trad. Port. Bento Prado Jr. São Paulo: 34, 1993.

DELEUZE, Gilles; PARNET, Clarice. *Diálogos*. Trad. Port. Eloísa Araújo Ribeiro. São Paulo: Escuta, 1998.

DELEUZE, Gilles. *Diferença e Repetição*. Trad. Port. Luiz Orlandi e Roberto Machado. Rio de Janeiro: Graal, 1988.

DELEUZE, Gilles. *Bergsonismo*. Trad. Port. Luiz B. L. Orlandi. São Paulo: 34, 1999.

DELEUZE, Gilles. *Proust e os signos*. Trad. Port. Antonio Piquet e Roberto Machado. Rio de Janeiro: Forense Universitária, 2003.

DERRIDA, J. et al. *La grève des philosophes. École et philosophie*. Paris: Osiris, 1986.

DERRIDA, Jacques. *Du droit à la philosophie*. Paris: Galilée, 1990.

DERRIDA, Jacques. *Da Hospitalidade:* Anne Dufourmantelle convida Jacques Derrida. Trad. Antônio Romane. São Paulo: Escuta, 2003.

EZLN. *Cartas y comunicados 1994-2005*. Disponível em: <http://enlacezapatista.ezln.org.mx/>.

EZLN. *Documentos y comunicados*. México: ERA, 1996.

FERRARO, Giuseppe. *La filosofia spiegata ai bambini*. Napoli: Filema, 2010.

FERRARO, Giuseppe. *La scuola dei sentimenti*. 2. ed. Napoli: Filema, 2011.

FOUCAULT, Michel. *A história da sexualidade.* Vol. 2: O uso dos prazeres. Trad. Port. Maria Thereza da Costa Albuquerque. Rio de Janeiro: Graal, 1984.

FOUCAULT, Michel. *Dits et Écrits*. Vol. I-IV: 1954-1988. Paris: Gallimard, 1994.

FOUCAULT, Michel. *A hermenêutica do sujeito*. Trad. Port. Márcio Alves da Fonseca e Salma Tannus Muchail.São Paulo: Martins Fontes, 2004.

FREIRE, Paulo. *Pedagogia da autonomia*. São Paulo: Paz e Terra, 1994.

FREUD, Sigmund. A hereditariedade e a etiologia das neuroses (1896). In: _____. *Edição Standard Brasileira das Obras Psicológicas Completas de Sigmund Freud*. Vol. III: Primeiras Publicações Psicanalíticas (1893-1899). Rio de Janeiro: Imago, 1988.

FREUD, Sigmund. Projeto para uma psicologia científica (1895). In: _____. *Edição Standard Brasileira das Obras Psicológicas Completas de Sigmund Freud*. Vol. I. Rio de Janeiro: Imago, 1996.

GALLO, Sílvio. *Deleuze e a educação*. 2. ed. Belo Horizonte: Autêntica, 2008.

GINZBURG, Carlo. Making It Strange: The Prehistory of a Literary Device. In: _____. *Wooden Eyes: Nine Reflections on Distance*. Trad. Martin Ryle e Kate Soper. New York: Columbia University Press, 2001.

GUMBRECHT, Hans Ulrich. *Production of Presence:* What Meaning Cannot Convey. Stanford: Stanford University Press, 2004.

HADOT, Pierre. *Philosophy as a Way of Life*. Trad. Michael Chase. Malden: Blackwell Publishing, 1995.

HADOT, Pierre. *What is Ancient Philosophy?* Trad. Michael Chase. Cambridge: Belknap Press, 2002.

HADOT, Pierre. *Exercises spirituels et philosophie antique.* Paris: Albin Michel, 2004.

HADOT, Pierre. *The Veil of Isis.* Trad. Michael Chase. Cambridge: Harvard University Press, 2006.

HADOT, Pierre. *The Present Alone is our Happiness.* Trad. Marc Diaballah. Stanford: Stanford University Press, 2009.

KEATS, John. *The Letters of John Keats.* New York: Oxford University Press, 1935.

KENNEDY, David. Las cinco comunidades. In: KOHAN, Walter O.; WASKMAN, Vera. (Orgs.) *¿Qué es filosofía para niños?:* ideas y propuestas para pensar la educación. Buenos Aires: Oficina de Publicaciones del CBC, Universidad de Buenos Aires, 1997.

KOHAN, Walter O. (Org). *Ensino de filosofia:* perspectivas. Belo Horizonte: Autêntica, 2005a.

KOHAN, Walter O. *Infância: entre educação e filosofia.* Belo Horizonte: Autêntica, 2005b.

KOHAN, Walter O. *Infancia, política y pensamiento.* Buenos Aires: Libros del Estante, 2007a.

KOHAN, Walter O. *Infância, estrangeiridade e ignorância: ensaios de filosofia e educação.* Belo Horizonte: Autêntica, 2007b.

KOHAN, Walter O. Filosofia. *O paradoxo de aprender e ensinar.* Belo Horizonte: Autêntica, 2009.

KOHAN, Walter O.; LEAL, Bernardina; TEIXEIRA, Álvaro (Orgs). *Filosofia na escola pública.* Petrópolis, RJ: Vozes, 2000.

KOHAN, Walter O.; WAKSMAN, Vera. *Filosofia con niños.* 2. ed. Buenos Aires: Novedades Educativas, 2005.

LARROSA, Jorge. Notas sobre a experiência e o saber de experiência. *Revista Brasileira de Educação*, Rio de Janeiro, n. 19, p. 20-28, jan. 2002.

LARROSA, Jorge. *Pedagogia profana:* danças piruetas e mascaradas. 4. ed. Belo Horizonte: Autêntica, 2006.

LIPMAN, Matthew. *A filosofia vai à escola.* São Paulo: Summus, 1990.

LIPMAN, Matthew; SHARP, Ann M.; OSCANYAN, Fred. S. *Philosophy in the Classroom.* 2. ed. Philadelphia: Temple University Press, 1980. Trad. Port. Ana Luíza F. Falcone: *A Filosofia na Sala de Aula.* São Paulo: Nova Alexandria, 2001.

MAGALLANES, Alejandro. *Isto não é.* São Paulo: Comboio de Corda, 2010.

MATISSE, Henri. *Escritos e reflexões sobre arte:* Matisse. Trad. Port. Denise Bottmann. São Paulo: Cosac Naify, 2007.

MERÇON, Juliana. *Aprendizado ético-afetivo.* Uma leitura spinozana da educação. Campinas, SP: Alínea, 2009.

MERLEAU-PONTY, Maurice. *Phenomenologie de la perception.* Paris: Gallimard, 1945. Trad. Port. Carlos Alberto Moura. *Fenomenologia da percepção.* São Paulo: Martins Fontes, 1994.

NEFI. *Caderno de Materiais.* Rio de Janeiro: UERJ, 2009.

NIETZSCHE, Friedrich. *Fragments Posthumes (Posthumous Fragments)1886-1887,* 7(38), XII. Paris: Gallimard, 1988.

OLIVEIRA, Paula Ramos de (Org.). *Um mundo de histórias.* Petrópolis, RJ: Vozes, 2004.

PAMUK, Orhan. *My Name is Red.* Trad. Erdag M. Goknar. New York: Knopf, 2002.

PLATÃO. *Diálogos.* Vol. I-II: Apologia de Sócrates, Critão, Menão, Hípias Maior e outros. Trad. Carlos Alberto Nunes. Belém: Universidade Federal de Pará, 1980.

RANCIÈRE, Jacques. *O mestre ignorante.* Trad. Port. Lílian do Valle. Belo Horizonte: Autêntica, 2002.

RILKE, Rainer Maria. *The Notebooks of Malte Laurids Brigge.* Trad. M.D. Herter Norton. New York: WW Norton, 1949.

RODRÍGUEZ, Simón. *Obra Completa.* Tomos I-II. Caracas, Presidencia de la República, 2001.

SANTOS, Boaventura de Souza. *A crítica da razão indolente:* contra o desperdício da experiência. São Paulo: Cortez, 2009.

SHKLOVSKY, Viktor. *Theory of Prose.* Trad. Benjamin Sher. Illinois: Dalkey Archive Press, 1991.

SYMBORSKA, Wislawa. Conversa com a pedra. In: _____. *Paisagem com grão de areia.* Trad. Port. Regina Przybycie. Lisboa: Relógio d'Água, 1998.

TODOROV, Tzvetan. *Introdução à literatura fantástica.* Trad. Maria Clara. Correa Castelo. São Paulo: Perspectiva, 1975.

VEIGA-NETO, Alfredo. *Foucault e a educação.* 2. ed. Belo Horizonte: Autêntica, 2007.

XAVIER, Ingrid Müller. *O que significa aprender e ensinar filosofia?* Notas a partir de uma experiência no Colégio Pedro II. Tese de Doutorado. Universidade do Estado do Rio de Janeiro, 2010.

Este livro foi composto com tipografia Minion
e impresso em papel Off Set 75 g/m² na Gráfica XXXXXXXXX